鉴石天下系列之二

行家这样投资

天然彩石
这样鉴这样藏

寿山石

《鉴石天下》编委会 编著

青岛出版社
QINGDAO
PUBLISHING HOUSE

国家一级出版社
全国百佳图书出版单位

目 录
Contents

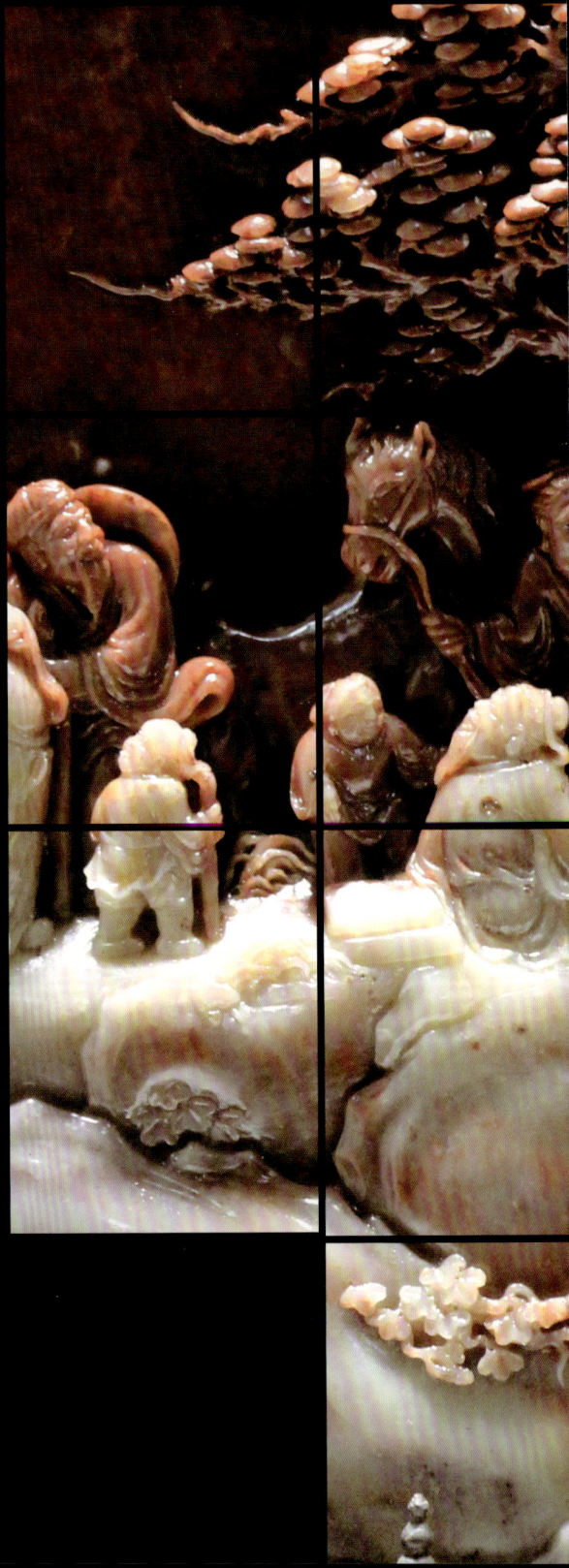

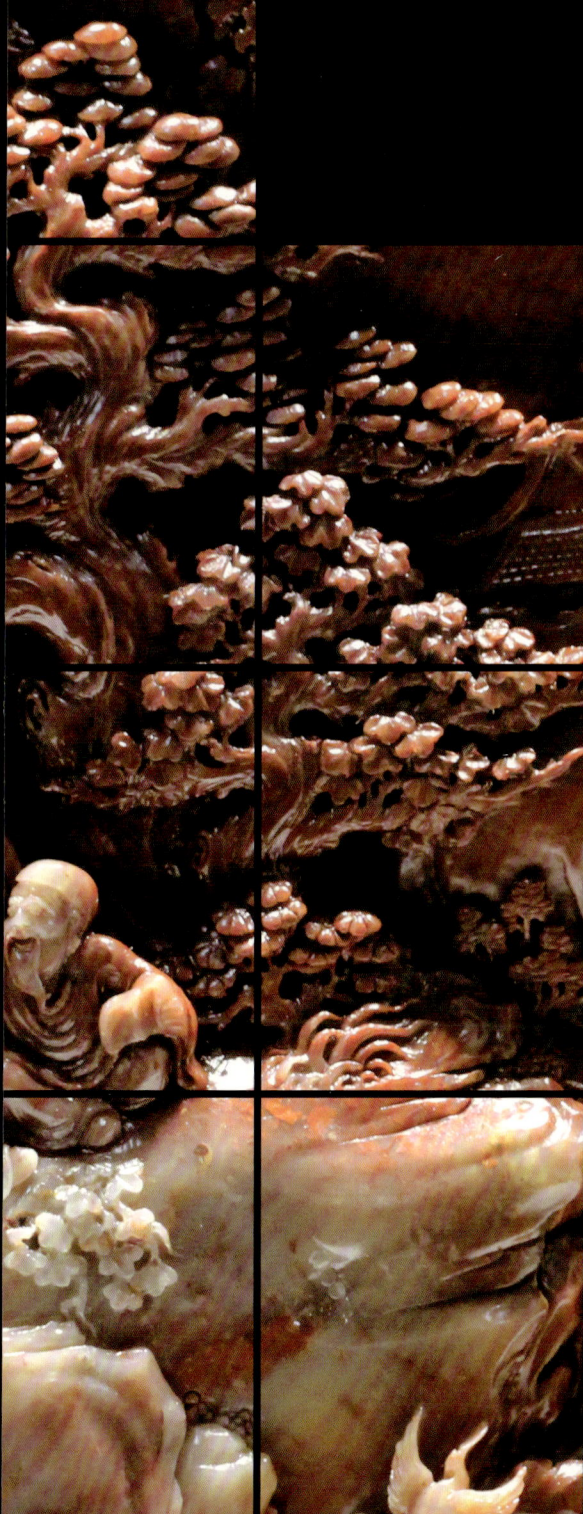

第四章

鉴宝有道，
解决打眼的烦心事儿　　　　174

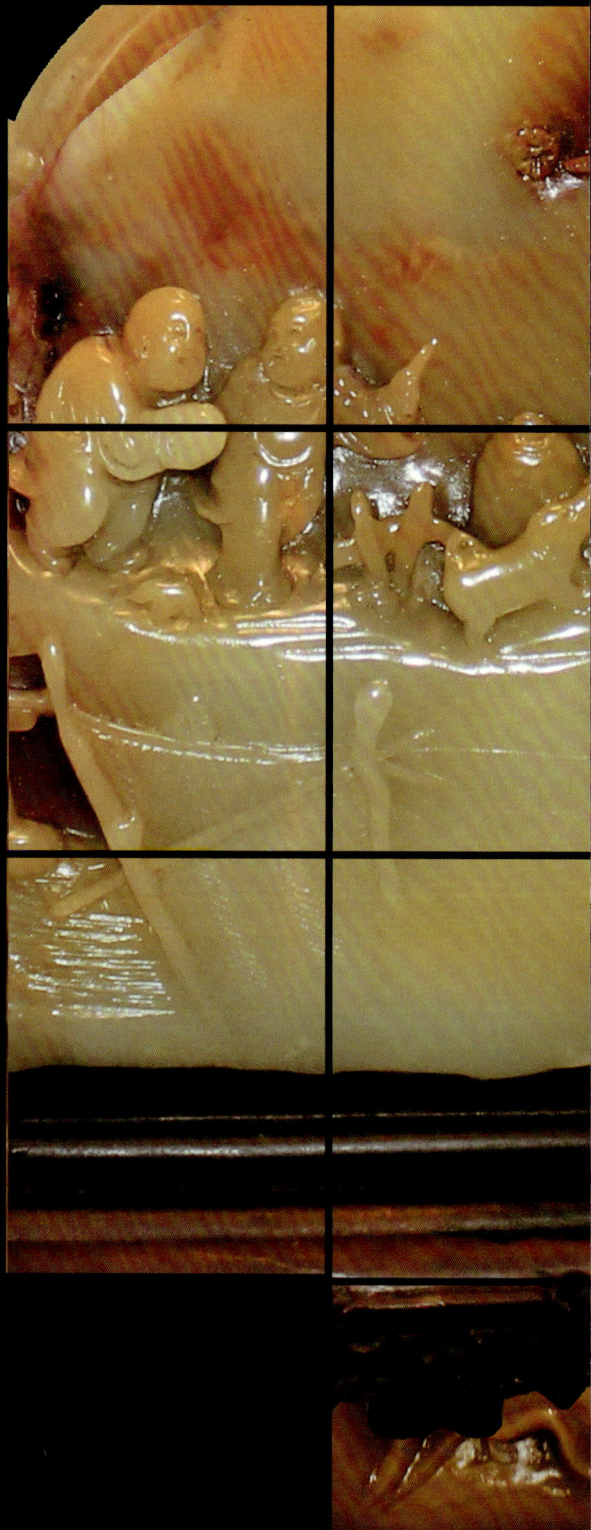

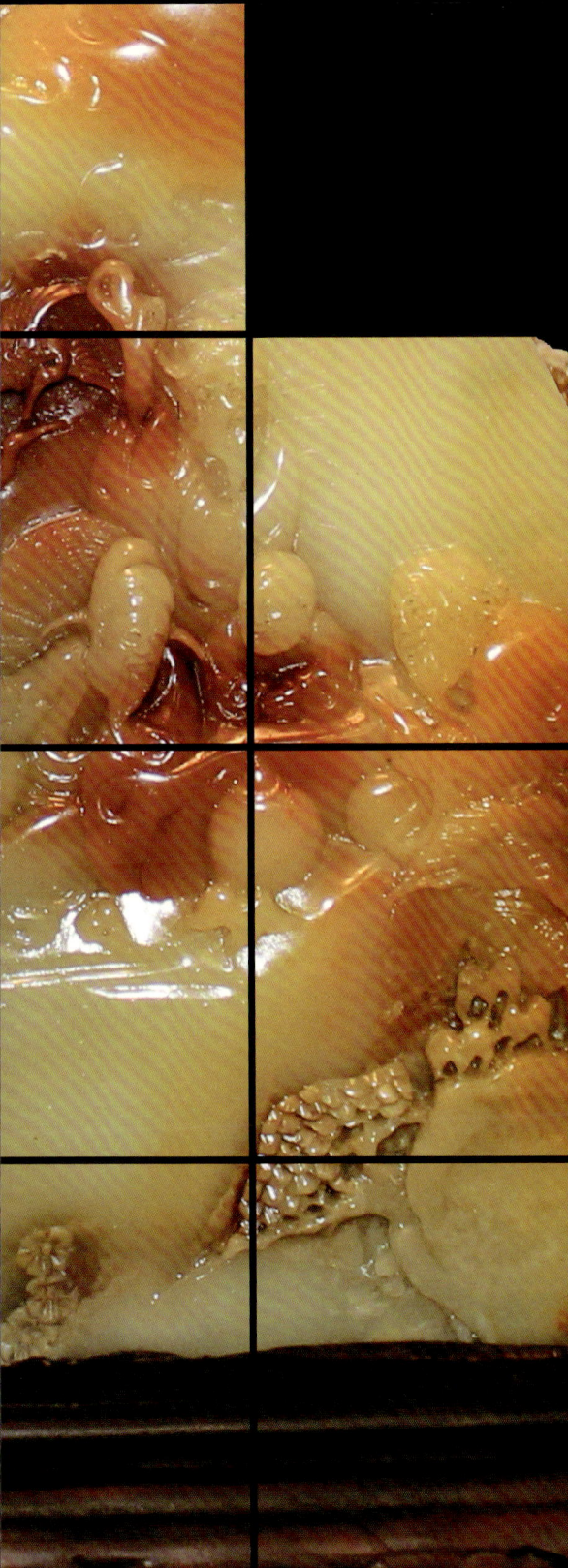

第五章

买卖有道,
实战中的真学问   202

如意弥勒佛·寿山水洞桃花石
尺　寸　24厘米×25厘米×14厘米

第一章

入门有道，
练好投资基本功

真正的寿山石

寿山石、青田石、昌化石、巴林石是中国的传统"四大印章石"，但就好像金庸武侠小说中的五岳剑派一样，虽然都为同门但终有高下，而无论是从当前的市场占有率、社会知名度及雕刻历史来看，寿山石都居其中的首位。

何谓寿山石

和中国出产的大多数的宝玉石一样，寿山石也是因为其产地而得名，它主要产自福建省福州市北郊的寿山乡寿山村。在宝玉石学里，寿山石属于彩石大类，过去人们也常把寿山石统称为叶蜡石，又称冻石、图章石等。

【种类繁多】

寿山石的分类比较繁杂，如果按照矿脉走向分类，可细分为高山、旗山、月洋三大类。在古代，根据寿山石矿的地理位置又分为"田坑、水坑、山坑"三大类，分别是指在田野里、水涧边以及山洞内开采的矿石。

寿山石的开采历史比较长，在封建社会就被很多文人雅士看重，中国近现代著名书画家黄宾虹先生在其所著的《古印概论》中就指出："寿山石发现于元明之间。最初寺僧见其石有五色、晶莹如玉，琢为

刘海戏金蟾钮章·寿山高山冻石

尺　　寸　3.8厘米×3.8厘米×9.8厘米
鉴石要点　方章以上佳的高山冻石为材，色彩艳丽，对比明快。刘海屈身印台，憨态可掬。其发梢丝缕清晰，衣褶纹理自然流畅，富有质感。"刘海戏金蟾,步步撒金钱"，意为满院生辉，遍地生金。中国工艺美术大师张爱廷雕。

牟尼珠串，云游四方，好事者以其可锓可刻，用以制樱。"如果按照黄宾虹的记载，那么发展到现在，经过1000多年的采掘，寿山石涌现的品种已有上百种之多。

【名贵的田黄】

在诸多寿山石种类之中，田黄从古至今都是其中的极品，这种石头是因为颜色带黄而得名。其外形大多娇小玲珑，资源稀少，最大的不过上斤，并且常单独一块藏于水田下的一二米深处，很难找到。

田黄的采掘难度也非常高，用史书上的文字来说就是：采掘者事前往往要下定"上穷碧落下黄泉"的决心，有时把田间的泥土全部翻个遍最后可能仍然会一无所获，所以寿山当地很早就有"黄金易得，田黄难求"的说法。

因为很难得，所以历代文人墨客以及达官显贵或言石，或写景，或惊叹"别有连城价，此石名田黄"，或描述当年开挖寿山石盛况"日役万指工"来赞赏寿山石的美。比如，清朝浙江籍诗人查慎行就赞道："吾闻精纯韫为璞，白者曰璧黄者琮。兼斯二美乃在石，天遣瑰宝生闽中。"

福寿延年方章·芙蓉石

尺　寸　4.5厘米×4.5厘米×8厘米
鉴石要点　色泽红白相间，红色沉雄浑厚，黄色明艳通透，观感富贵大气。其石质凝结滋润，温腻称手。

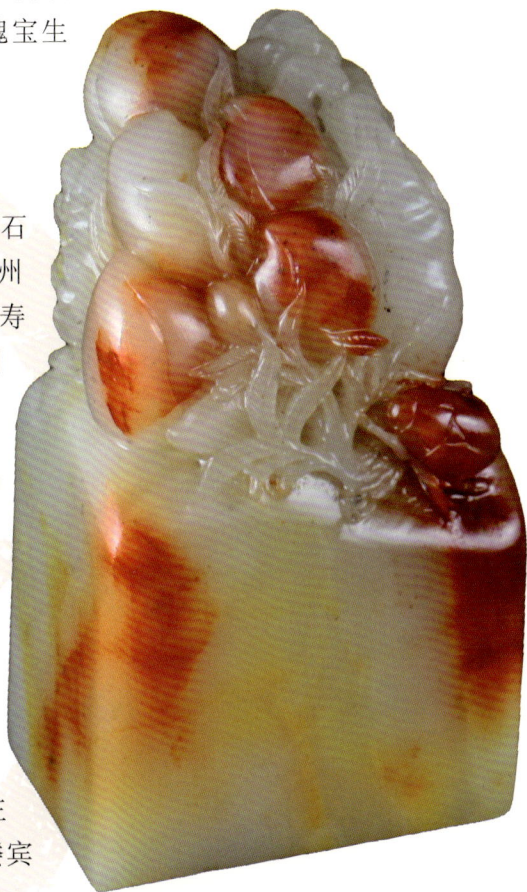

【悠久的历史】

悠久的历史也反过来成就了庞大的寿山石市场，在明朝嘉靖年间(1521～1567年)，福州总督后街就是专业产销寿山石品的一条街，寿山石也随着当地的商船漂洋过海出口到国外。民国期间，总督后街的寿山石店发展到20多家。

此外，在福州仓前路、舍人巷、延平路、上杭路、宣政路、东街、南后街、双门前等都有寿山石的专卖店。

发展到现在，福州有6个大型的专业经营寿山石的市场：鼓山中国寿山石交易中心、鼓山樟林街、福州特艺城、西门藏天园、寿山村寿山原石交易市场、五四路文化街。此外，在五一路、六一路、五一广场、左海公园等主要街巷和各旅游景点、各大酒楼宾馆也都有或大或小的经销寿山石的商店或服务部。

除了福建当地之外，北京、上海等全国大的城市基本都有寿山石的专营店，当然这一方面是由于市场行情看好，还有一方面是寿山当地人吃苦耐劳积极拓展市场所形成的。

在各大珠宝城或古玩市场上，很多销售寿山石的寿山人既是老板，也是从小就开始从事寿山石雕刻的雕刻艺人。这些人即懂得雕刻，又掌握市场行情，无疑为寿山石乃至整个印石市场平添了许多活力。

高贵的身份

2000年和2001年，寿山石两次被推为"国石"的候选石。2002年12月，福建省人大通过决议，将寿山石作为福建省"省石"。

2003年10月，寿山石第四次进京评选"国石"再一次获评"国石"候选石，并位居各大候选石之首，其他被评为国石候选石的还有岫玉、青田石、昌化鸡血石、和田玉、巴林石等。

2006年，寿山石雕列入第一批国家级非物质文化遗产名录。

2009年，福建省12件寿山石珍品正式入选为北京故宫博物院永久藏品，这是新中国成立以来故宫博物院首次收藏寿山石作品。

寿山石历史

据史料记载，福州先民早在4000多年前就开始使用寿山石制品，1500多年前就开始雕刻寿山石。寿山石在不断的发展和交流中也逐渐形成了独特的寿山石文化。

深厚的雕刻文化

福建省最早的一部雕版印刷的地方志是宋代梁克家在福州知府任上编撰的《三山志》。

梁克家是及第状元出身，自然学识渊博。他在厚达42卷的《三山志》中提到寿山石，可算目前发现最早的有关寿山石的文字记载："寿山石，洁净如玉，大者可一、二尺，柔而易攻，盖珉类也。五花石坑，相距十数里，红者、绀者、紫者、髹者，惟艾绿者难得。"

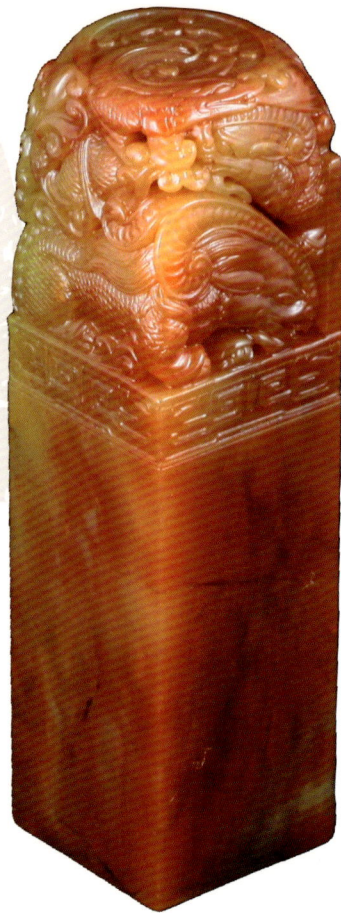

三阳开泰钮印章·都成坑石

尺　　寸　2.7厘米×2.7厘米×9.8厘米
鉴石要点　质地莹润，细润光滑，雕三羊跪卧，大羊回首，后跟羊羔，另一只紧依身后，组成温情一幕，设计甚具巧思。"羊"与"阳"谐音，寓意三阳开泰。

如果抛开现有的文献资料不说，那么寿山石的应用于雕刻艺术的历史更加源远流长。1954年，福州陆续出土了一些南朝人的古墓，陪葬物中就发现有不少寿山石雕刻而成的猪造型。宋朝时，寿山石进入皇宫，被宋高宗指定制为礼器祭天。明朝时，出现了皇帝御用的寿山石印玺。

巅峰的辉煌

到了清代，对寿山石的喜爱可谓达到封建社会的巅峰。相传，清朝乾隆皇帝有一天晚上睡觉时做了一个梦，梦见天上的玉皇大帝突然召见自己，两人见面之后相谈甚欢，于是临别时玉皇大帝就赐给乾隆一块黄色的石头，还特别赠送"福寿田"3个大字。

乾隆第二天醒后对这一梦境仍记忆犹新，认为这是上天的眷顾，吉祥的预兆，于是立刻召集文武大臣给自己"圆梦"。

手下的大臣们对此说法不一，各自根据自己的阅历和知识去讨好皇帝，但绝大多数无非就是认为皇帝大吉大利，天工赐福等，只有其中一位福建籍的大臣认为：玉皇大帝赐给皇上的可能是产于福州寿山的田黄石，因为这正合玉皇大帝赐书的"福寿田"3字。

乾隆皇帝听后对此非常重视，派人到福建寻到了上等的田黄石，并在此后的每年元旦祭天大礼中，都要在供案的中央供上一块田黄以祈求上苍赐予自己多寿多福。

由于皇帝的爱好，寿山石石雕艺人也从此由民间得以进入宫廷，成为御

惠安女·寿山善伯石

尺　寸　9厘米×7厘米×14厘米

鉴赏要点　惠安女是指主要集中居住在福建省惠安东部一带的汉族妇女，因其服饰奇特，极富地方传统色彩，再加上吃苦耐劳的精神，获得极高的美誉。此雕件由福建省工艺美术大师林伟国精心雕刻而成。

吉猴献寿·寿山高山朱砂冻石

尺　寸　6.5厘米×3.5厘米×11厘米
鉴石要点　寿星笑容可掬，天庭饱满，长
　　　　　髯垂胸；旁边站着一只稚拙可
　　　　　爱的灵猴，姿态生动，手捧一
　　　　　枚鲜艳水灵的寿桃。

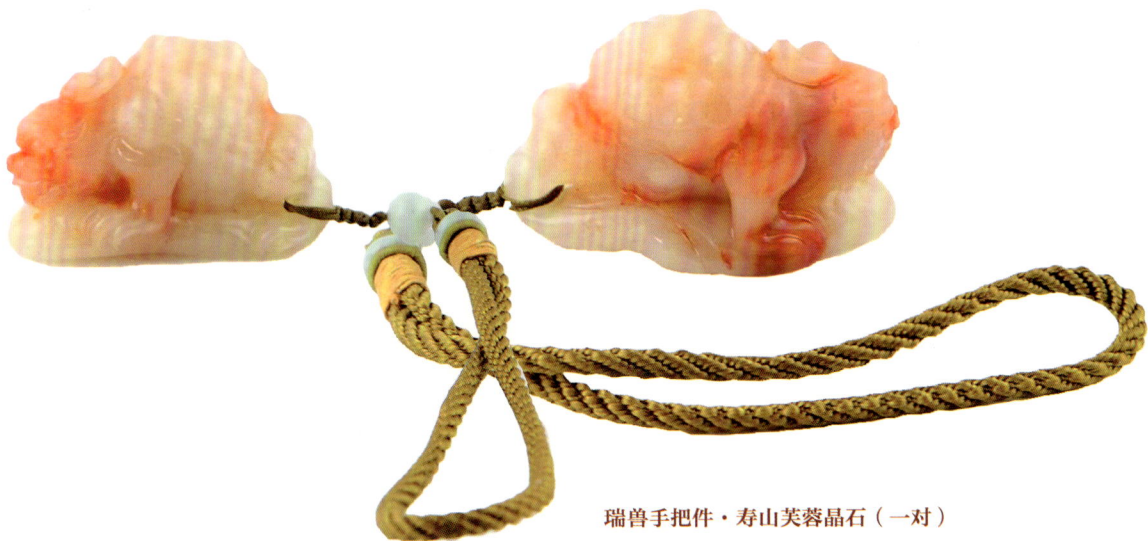

瑞兽手把件·寿山芙蓉晶石（一对）

尺　寸　6厘米×3厘米×4厘米

鉴石要点　石质细润雅净，圆雕一对瑞兽把件，浑圆结实，屈肢俯卧状，四肢收于腹下，阔鼻圆眼，直视前方，炯炯有神。

工，按时领取朝廷的俸禄，进而专心致志从事寿山石雕刻技艺。

据末代皇帝爱新觉罗·溥仪在其自传《我的前半生》一书中介绍，乾隆皇帝就有一套"田黄三连章"玺印，是当时御工的佳作。该印是乾隆的随身御宝，后由溥仪将此珍宝交给国家，现藏于故宫博物院。另外，根据出土文物还发现，康熙宗室墓中，也有以寿山石章作为陪葬的。

文人笔下的宠儿

寿山石不但是皇家的最爱，也是文人笔下经常描绘的对象。赞美寿山石的诗最早当属宋代的福州人黄干，黄干是南宋理学集大成者朱熹的得意门生、嫡传弟子，也是朱熹的女婿。在七绝《寿山》一诗中，黄干这样描述寿山石："石为文多招斧凿，寺因野烧转荧黄。世间荣辱不足较，日暮天寒山路长。"这首诗道出了寿山石色彩斑斓、花纹可爱，从而招来斧凿之灾。

此后，很多福州诗人将寿山石作为题材吟诵不绝，比如，明代著名文人谢肇淛是福建长乐人，明万历进士出身，作有《寿山寺》一诗："隔溪茅屋似村庐，门外三峰尚俨然。丈室有僧方辨寺，殿基无主尽成田。山空琢尽花纹石，

瑞兽钮章·上饶石

尺　寸　3厘米×3厘米×6.8厘米

鉴石要点　质地温润，双狮钮雕刻精细，母狮与幼狮形态丰富，灵动中透着些许敦厚。

寿山石的出生地

寿山石主要产于福建省福州市晋安区寿山乡寿山村以及周边一些地区，寿山村面积大约11.8平方千米。寿山村早些时候交通非常闭塞，到了1979年才通公路。屏宁二级公路建成后，寿山一跃成为当地交通路面最好的一个乡村，从县城到寿山村原先两个多小时的行车时间缩短为半个小时至一个小时。

寿山村

寿山村以奇山异石、风景秀丽为特点，对开发旅游景区具有优厚的天然资源。整个旧村落成鱼状，东方奇山突兀，犹如金钟倒地，西方天际卸山，宛如半月沉江，南方群峰逐浪，好似群鲤朝天，北方七丘隆起，如七星拱北斗。村头一眼望去，有龙伞直立，旁侧石头犹如一头小狮吼叫，与村尾的母狮转头相呼应。村东半千米处有奇异的蝙蝠洞终年有蝙蝠群居。一动一静，构成一幅美妙的天然景观。还有奇异的天柱山，蘑菇石拔地而起，独立空间，在村东一千米处可望见。

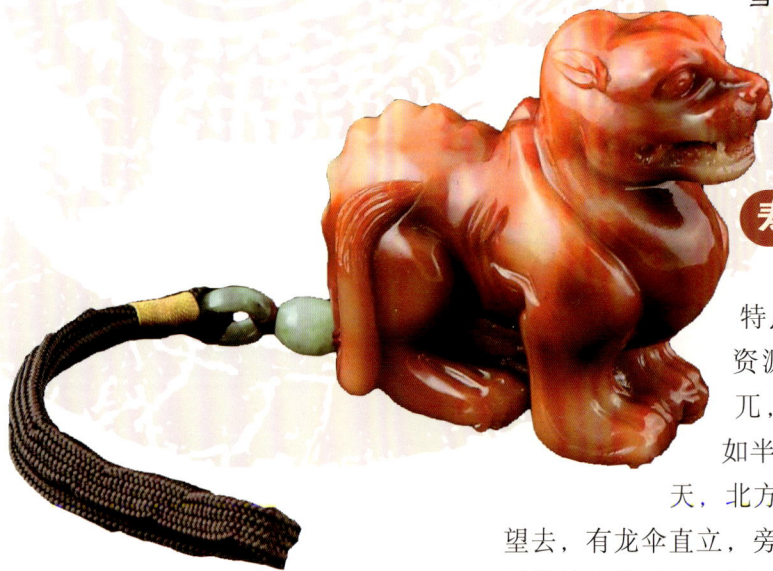

瑞兽手把件·寿山芙蓉石

尺　寸　8厘米×4厘米×7厘米
鉴石要点　采用圆雕技法雕刻瑞兽造型，形态拙朴，线条圆润，憨厚可掬。其体格健硕饱满，双目圆睁，威严慈爱，栩栩如生。

独有资源

寿山村的周围有高山、旗山、老岭、猴柴磹、金狮公山、黄巢山、柳坪和金山顶等山峰，东面是一条寿山溪，这条浅浅的小溪，从坑头到结门潭迤逦曲折约8千米，总面积不到一平方千米的田间、水际、山头、坑洞纵横交错地分布着寿山石矿藏。

寿山村海拔758米，属温带区，夏天最高温度不超过

34℃。冬天最低气温不低于－2℃，是避暑避寒的好地方。当地的农作物以水稻、甘薯为主，适合种植各种蔬菜、水果和食用菌等。

寿山村开基于明代，历经21代，早期全村以苏姓独居。除了寿山石外，这里还有丰富的历史文化资源，清末起相继创办过几次乱弹戏戏班，流行于闽浙赣三省。2006年被授予《屏南县乱弹戏培训基地》称号。也是屏南县十处国史文化名村之一。有许多古建筑、文化古迹。如"五代同堂"牌匾，"文魁"牌匾，旗杆和石坊岔的贞节牌坊等。

【开采保护】

目前，寿山石的开采已经受到当地政府的保护，以出产田黄石的寿山乡寿山村坂田为例，目前仅剩两亩半地了。政府已经将其保护起来，禁止开采。近年来，福州市在保护和传承寿山石文化的基础上，进一步深入挖掘寿山石文化的丰富内涵，大力推动寿山石文化产业快速发展。据不完全统计，目前福州市城乡从事寿山石相关产业的已有10多万人。

【品牌文化】

寿山村当地因势利导，以寿山石文化旅游为品牌，充分利用资源特点，成立了寿山石文化旅游产业发展公司，把全村农民组织起来，以弘扬"石文化"、倡导"石旅游"、推广"石产品"、发展"石经济"作为推动村经济飞速发展的重要手段，全力将寿山村打造成集寿山石商贸、农业观光休闲等功能于一体的旅游文化"精品村"。

海底世界·寿山三彩芙蓉石

尺　寸　14厘米×26厘米

鉴石要点　作品依石而雕，巧妙地利用了红白两种颜色，红色雕刻鱼儿，白色雕刻水草，动静结合，栩栩如生，悠游自在。

寿山石成矿构造和形成原因

寿山石矿处于中国东南沿海大陆边缘，主要位于福州北峰寿山—峨眉晚侏罗系陆相火山喷发盆地西北部。盆地基底为上侏罗统南园组第二段，其上覆盖层由上侏罗统坂头组酸性碎屑岩、火山碎屑熔岩和火山碎屑沉积岩组成。

【成矿构造】

寿山石矿成形于距今约1.4亿万年的侏罗纪，由于火山喷发，形成火山碎屑岩，继而在火山喷发的间隙或喷发结束后，伴有大量的酸性气体、热液活动，交代分解围岩中的长石类矿物，将钾、纳、钙、镁、铁等杂质淋失，而残留下来较稳定的铝、硅等元素，重新结晶成矿，或由岩石中溶脱出来的铝、硅质溶胶体，沿着周围岩石的裂隙沉淀晶化而成矿。

【形成原因】

寿山石的原生矿是内生成矿作用形成的，由于成矿方式不同，具体可分为热液交代型、热液充填型及热液交代—充填型。热液交代型矿体呈脉状产出，矿物组成以地开石为主，质地细腻、色泽艳丽、透明度好，为典型的寿山石特征，是中高档寿山石雕刻原料的来源；热液交代—充填型矿体以脉状、透镜状产出，矿物组成多以地开石、高岭石矿物为主，部分为叶蜡石、伊利石。

寿山石中的次生矿是外生成矿作用形成的，地下寿山石矿脉在地壳运动下暴露地表，经剥蚀、搬运、埋藏，再经物理、化学风化形成。这种外生作用形成的次生矿型寿山石有掘性山坑石、掘性水坑石和田坑石三种。

掘性山坑石是矿石从母体原生矿剥离后滚落于山坡或山坳，并埋藏于泥土层中，因剥蚀搬运距离短，

龙凤呈祥钮章·熔红石

尺　　寸　3.8厘米×3.8厘米×7厘米

鉴石要点　此枚熔红石章以红黄白三色为主，色彩艳丽，作者以圆雕和浮雕结合的方式作"龙凤呈祥"钮，刀法细腻华丽，纤毫毕现，充满装饰风格。

形成独石后其棱角相对明显。田坑石因经水流搬运作用，搬运距离远，物理化学风化作用比较彻底，在溪流的某些地段沉积后，长期受含腐质酸等水分的浸泡，水化学作用十分明显。

寿山石矿分布

寿山石矿床主要分布于寿山村周围的山峦、河沟之间，以寿山村为中心，北至党洋，南至月洋，东至连江县界，西至旗山，方圆约有十几千米。寿山石矿基本呈带状分布，当地按照其所分布的地域分为高山—金山顶矿带、老岭—松柏岭矿带、虎口—金狮公山矿带、旗山—加良山矿带和黄巢山环形矿带等。

高山－金山顶矿带

这一矿带包括当地的高山、坑头、都成坑、善伯洞、月尾、金狮公山、吊筧及金山顶矿床（点），是目前开采历史最久、产量最多的矿带。

寿星·寿山金玉冻石

尺　寸　10厘米×63厘米

鉴石要点　寿星左手执龙头杖，右手捧一硕大的寿桃，额头高高隆起，鹤发长须，衣袂飘飘。五名童子各捧如意、元宝、佛手、仙桃、聚宝盆，如众星捧月一般围绕在寿星的周围。造型精美，雕工精湛，为上乘之作。中国玉雕大师张爱廷雕刻。

高山—金山顶矿带又分为高山—都成坑、善伯洞—月尾、金狮公山—金山顶等若干个矿段，每个矿段出产的寿山石从颜色以及矿物组成上都有明显的差别。其中，高山—都成坑矿段产量最高。

高山—都成坑矿段大约有1.2千米长，从目前采掘的情况来看，约有一半多的高、中档寿山石都出产于此。这一段的矿石成分主要以地开石、高岭石为主，并还有少量的叶蜡石。高山—都成坑矿中出产的矿石多呈红色、白色、黄色、黑色，质地细润，有很好的透明度。

善伯洞—月尾矿段位于剃刀山火山机体的东南侧，矿体多呈脉状、透镜状、囊团状，宽度1厘米～50厘米，延伸10厘米～300厘米，脉体呈断续分布。这一段的矿石呈现两种不同的状态，在善伯洞附近的矿石大多呈浅灰色、灰白色，透明度一般，仅局部能看到少许透明，细腻度一般。在月尾附近，矿石多呈猪肝紫、艾叶绿、黄绿色，色彩斑斓，大多数的矿石呈不透明状，细腻度中等。

金狮公山—金山顶矿段大约有3千米长，这一矿段上分布着金狮公山、吊笕、金山顶3个矿点。金狮公山矿段出产的矿石石质坚硬粗糙，光泽度较差，颜色多以黄、红、灰及多色相间，含黑斑，不少矿石的肌理密布金属细砂。吊笕矿点位于金狮公山东北方向约1千米处，矿石以黑色最常见。另有白色或黄色石皮，其他有灰、白、蓝等色，但多杂于黑色之中。矿石中局部有结晶体，呈蓝色，肌里通灵，称为"吊笕冻"，极似"牛角冻"，但肌里黑色条痕，与"牛角冻"的萝卜纹迥异，且石质脆而硬。金山顶矿点位于吊笕北东约1千米处，因矿位非常靠近连江县，色多藤黄，故有"连江黄"之称。

布袋和尚·寿山高山朱砂石

尺　寸　10厘米×65厘米×12厘米

鉴石要点　布袋和尚方脸大耳，袒胸露腹，左手捧元宝，右手持布袋，3名神态憨厚的童子偎依在身边，寓意欢乐吉祥。

【老岭－松柏岭矿带】

这一矿带位于旗山西侧至黄巢山西侧的连线上，长3千米以上，矿带内有老岭、松柏岭矿点。后者处于与黄巢山周边环形构造交汇处。

老岭矿点处于虎口—金狮山带的交汇处，主要为叶蜡石矿区，经勘查由8条叶蜡石矿体组成。由于叶蜡石的成分较多，老岭矿点出产的矿石石质坚脆，微透明，颜色以青翠与赭黄最为普遍，当地人将颜色青翠的石头称为"老岭青"，颜色发黄的称为"老岭黄"，其中结晶体者俗称"老岭通"。

松柏岭矿点位于旗降山以北约1千米处，山坡上有很多松柏，因此得名。松柏岭主要出露暗红色流纹岩、熔结凝灰岩。1933年龚纶在其所著的《寿山石谱》中就有"松柏岭"石的记载。该矿原是开采叶蜡石用作耐火材料的基地。作为雕刻材料是1991年才开始的，有四个洞同时开采。松柏岭矿的石质坚脆，佳者十分细嫩，有红、青、绿、白等色。其不好的一面是石面上多裂痕，浸油后就渗透其中，可能是由于这一地段长年炸山采石强烈震荡所致。

【虎口－金狮公山矿带】

这一矿带由北向西，带上有虎口、猴柴磹矿矿点。

虎口位于老岭东北方向600米处，属于老岭—松柏岭北东带的交汇处，虎口曾出产质量较佳的寿山石，称"虎嘴老岭石"，有黄地黄纹者名"黄缟老岭"。

猴柴磹矿点距离虎口东南方向约1千米，以出产工业用叶蜡石为主，早在南宋，就已开采用作刻制石俑。这一矿点的石质稍松软，微透明，但多含砂丁。有黄、绿、白、灰、红赭色，以黄、绿为常见。质通灵而肌里隐色斑和条纹，状如槟榔芋者，名"槟榔九茶岩"。色白者，名"白九茶"。又有质凝腻，纹如吊笕的称为"虎皮冻"；还有一种石质稍软，细腻凝润半透明，颜色泛黄并显现蜂巢状，形状与豹皮细斑纹非常相似，这种石头被称为"豹皮冻"，是猴柴非常难得的佳品。

佛钮印章·寿山高山朱砂石

尺　寸　4.5厘米×4.5厘米×13.5厘米

【旗山-加良山矿带】

旗山—加良山矿带长8千米以上，这一矿带包括旗山、高山、芙蓉洞、加良山矿点。

旗山矿点位于旗山南侧的山坡上，主要以叶蜡石矿脉为主，脉长500米以上，用于做工业原料，已开采多年。前人曾在此采过矿石，认为不宜用于雕刻，俗称"旗山砖"，似"黑高山"，多取作砥石，质硬多砂，不透明，有黄、灰、青各色。

芙蓉洞矿点出产的石头质地类似和田白玉，脆而嫩。在当地，芙蓉洞还被称为"鬼洞"，相传唐代光启三年（887年），寿山村建起了"寿山广应院"。到了元朝末年，广应寺里来了一个有德高僧，称"石头和尚"。石头和尚能知过去，预测未来，颇为灵验。有一次朱元璋游至寿山，住在"芙蓉洞"里，一夜工夫，头上的疮疤都脱了壳，因此知道"芙蓉洞"里有一种石头能医百病。石头和尚于是便天天率领众和尚到芙蓉洞去凿石头。凿了的石头都搬到广应寺里来，制成了粉末普济众生。但不久"芙蓉洞"里的寿山石被凿取殆尽。和尚心里想，既然"芙蓉洞"里有寿山石，那附

一鸣惊人·寿山焓红石（局部一）

近的地方也不会没有，便跋山涉水，到处去找
寿山石。果然"皇天不负有心人"，这寿山
石愈找就愈多了，没半年时间竟堆得"广
应寺"里到处都是石头。

加良山旧称月洋山，位于寿山村
东南部8千米处，矿区为一残存的破
火山口构造，南北长约200米。所
产矿石分两个大类：芙蓉石和峨嵋
石。矿石的主要成分为叶蜡石，
颜色有白色、黄色、红色、灰色
等，有的呈现条带状分布，透明度稍差。近代印石鉴赏家，
对芙蓉石评价很高。著名画家陈子奋曾赞"芙蓉之质与色，
直可与田黄冻石雄峙寿山"。

一鸣惊人·寿山焓红石（局部二）

一鸣惊人·寿山焓红石

尺　　寸　10厘米×7厘米×4厘米
鉴石要点　设计独具匠心，外形优美，意趣独到，一只蝉在蘑
菇丛中鸣唱，栩栩如生，活灵活现，寓意一鸣惊
人。一鸣惊人出自《韩非子·喻老》："三年不
飞，飞将冲天；三年不鸣，鸣将惊人！"

寿山石开采

寿山石的开采历史悠久。1954年，在福州仓前福建师范学院桃花山工地发掘的南朝墓葬中，有一件高1.1厘米、长6.4厘米外形为平地卧伏状的石猪，就是用寿山石中的老岭石雕刻的。虽然石猪的型制简易粗犷，但已可以说明以寿山石小猪为殉葬品在南朝就成了一种习俗。不过，受到工具以及技术的影响，当时的开采，主要以"拣拾"为主，之后进行简单的雕刻。

宋元时期

南朝时期的寿山石雕技粗糙，除了作石俑殉葬外，不见有收藏的例子。根据南宋时期担任右丞相的梁克家在其著作《三山志》的介绍，宋代寿山石开始大量开采，并用于雕刻，精美者作为贡品发运汴梁，成为宫廷的玩物。

元末，开始用寿山石刻印，并因此有寿山石印钮艺术的产生，收藏寿山石印材和寿山石印钮，成为当时文人雅士的"专利"，并一直影响到现在，成为一种历史性的社会风气。

明清时期

到了清初，由于国家的统一和商贾、权势者的介入，寿山石的开采又出现历史上的一个高潮。

最明显的是民间热潮兴起，据《后观石录》记载："康熙戊申，闽县陈公子越山（名曰浴，字磐，故黄门子），忽赍粮山中，得妙石最夥，载至京师售十金。每石两辄估其等差，而数倍其值，甚有直至十倍者。"但到了晚清，由于战乱不断、时局动荡不定，寿山石的开采受此影响又消歇了下去。

民国时期

民国期间，寿山石的开采逐渐复苏。据有关资料记载：1917年，寿山一年出产雕刻用石3000斤，品种有40余种，采掘坑洞140余处。

但是自抗战爆发后，寿山石的开采一落千丈。这种情况一直延续到新中国成立之后。进入20世纪80年代，国家实行改革开放政策，寿山石名闻海外，石价跃升，高过了以前的几十几百倍，开采超过了历史上任何一次的采石热潮。

近现代

解放前后，寿山石农掌握采掘规律，采用"乌硝"作为爆破物，在石线中，用大、中、小钢钎打炮眼，然后将乌硝少量倒在毛边纸上，卷成香烟形状，装放在事先准备好的破成双开的竹筒内，顺势装进炮眼，然后用黄泥土双头压紧，点火引爆。爆炸后进矿取石。一旦发现石线脉扩大或缩小，便顺其石线再进行手工引爆作业。但这种开采方法的爆破力大，往往造成寿山石精品裂缝。后来石农掌握规律，耐心钻探，使用小量炸药引爆，有价值的原石利用率可达到90%以上。

近年来，随着寿山石保护立法的逐步完善，寿山石开采数量和规模逐年下降。为防止无证矿洞死灰复燃，福州市晋安区严厉打击非法违法采矿行为。

从2012年开始，晋安区根据全市的部署，以洞采寿山石为重点，开展严厉打击非法违法采矿专项行动，采取在重点矿洞周边、矿山路口及路段安装监控探头，夜间突击伏击、设卡监查等措施，并提高巡查密度。

婴戏摆件·寿山黄杜陵石

尺　寸　10厘米×18厘米

鉴石要点　质地细腻透亮，颜色纯正，雕刻一老翁手拄拐杖，仰天微笑，旁边一童子也有模学样，形象可人。

放大镜下的寿山石

在放大镜下观察，寿山石主要呈隐晶质结构、显微鳞片变晶结构，常呈致密块状。不同类型的寿山石其密度也略有差异，叶蜡石型的寿山石为2.80～2.85克/立方厘米，高岭石族型为2.55～2.65克/立方厘米，伊利石型为2.7～2.80克/立方厘米。密度也可作为寿山石真伪的判断依据，比如青海冻石的外观就与寿山石极为相似，但由于青海冻石的密度较小，在条件相同的情况下，青海冻石的重量会明显小于寿山石，用手掂时重的为寿山石。

深山访友·碓下田黄

尺　　寸　8厘米×5厘米×4厘米
鉴石要点　重达288克。

矿物组成

寿山石的矿物成分以叶蜡石为主，其次为石英、水铝石和高岭石，少量黄铁矿。寿山石的化学成分主要为：二氧化硅（SiO_2）、氧化铝（Al_2O_3）等，还有氧化亚铁（FeO）、氧化铁（Fe_2O_3）、氧化钙（CaO）、氧化镁（MgO）、氧化钾（K_2O）、氧化钠（Na_2O）及硒（Sr）等微量元素。寿山石按其主要组成

和风细柳·寿山田黄石

尺　　寸　4厘米×7厘米
鉴石要点　重22克。采用薄意技法雕刻和
　　　　　风细柳图，造型简约舒朗。

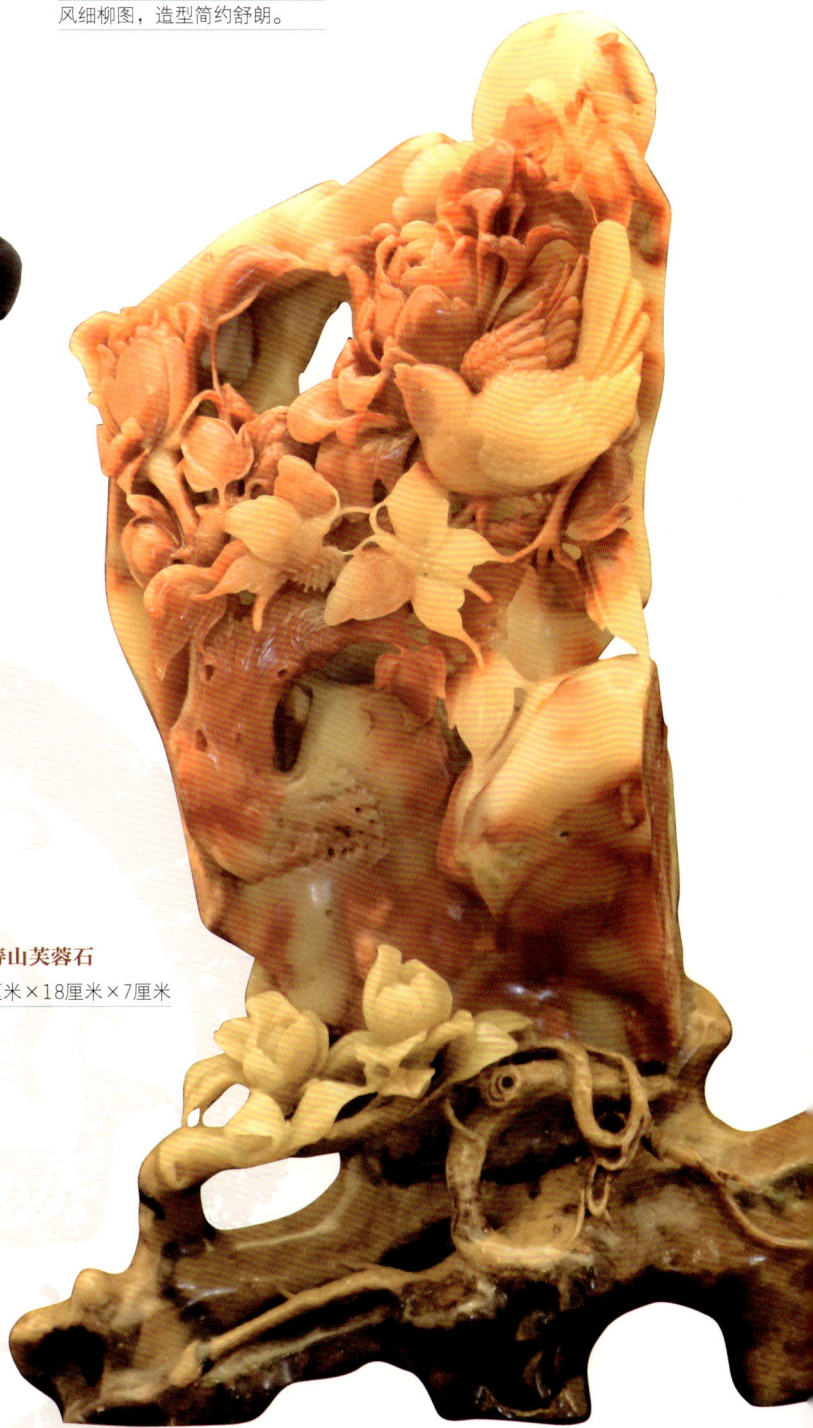

国色天香·寿山芙蓉石

尺　　寸　24厘米×18厘米×7厘米

矿物分叶蜡石型、高岭石族型、伊利石型三种，叶蜡石型的主要矿物成分为叶蜡石；高岭石族型的主要矿物成分为高岭石、地开石和珍珠陶石；伊利石型的主要矿物成分为伊利石。

质地

寿山石质地晶莹、凝腻、温润、通透、色彩丰富，可谓"细、凝、腻、润、灵、透"六德齐俱。寿山石非常适宜雕刻，主要是由于其摩氏硬度较低，叶蜡石型的硬度为1.0～2.5度，高岭石族型为2.5～3.5度，伊利石型为2～3度。

颜色

颜色丰富是寿山石的另外一个特点，常见的有红、黄、绿、橙、紫、棕、褐、黑、白、乳白、紫红、褐黄、紫黑、无色透明等，常以多种颜色组成。在自然光照下，寿山石的外表显蜡状光泽、土状光泽，少数有油脂光泽。多数不透明至微透明，个别近于透明。常呈致密块状构造和角砾状、缟纹状构造等，还有特殊的絮状、条纹状构造，如俗称的"萝卜纹"等，这些若隐若现的纹理颜色有深浅、条纹有粗细、分布有无序与有序的差异。

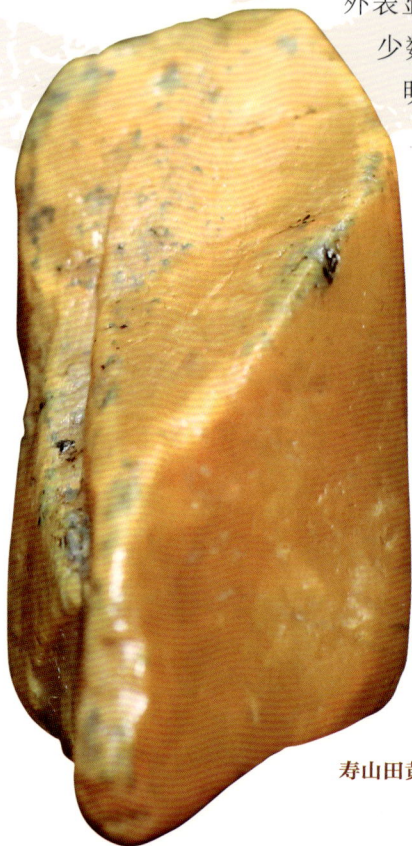

瑞兽手把件·寿山结晶性芙蓉石

尺　　寸 4厘米×4厘米×8厘米

鉴石要点 瑞兽寓意祥瑞，有祝祷世间太平如意的美好期待。瑞兽把玩件置于案头既可清赏，亦可充作案牍劳形后舒解压力的掌中盘玩之器。

寿山田黄原石

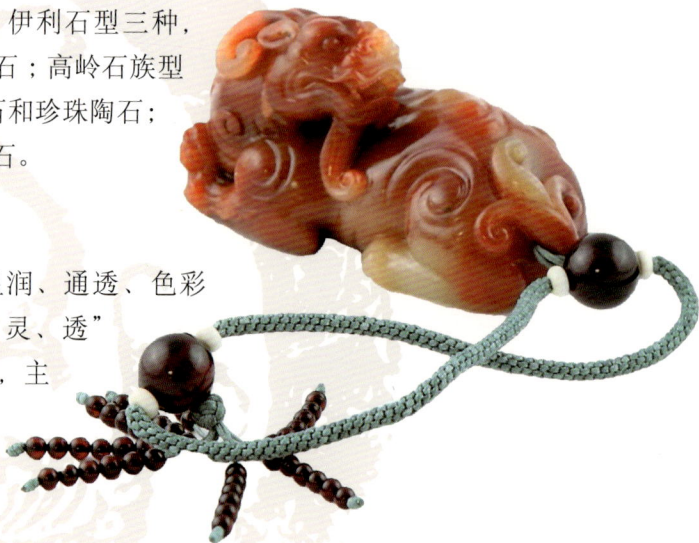

瑞兽扁章·寿山结晶性芙蓉石

尺　　寸 5.3厘米×3.1厘米×11.5厘米

鉴石要点 章体颜色艳丽，透明度较高，瑞兽造型挺拔威武，雕工细腻。郭祥忍雕刻。

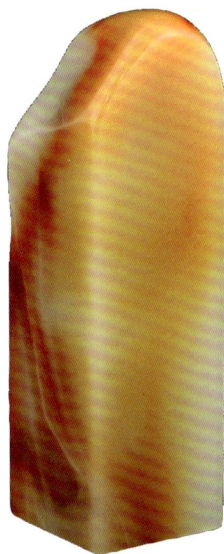

素章・寿山石
尺　寸　2.8厘米×2.8厘米×5厘米

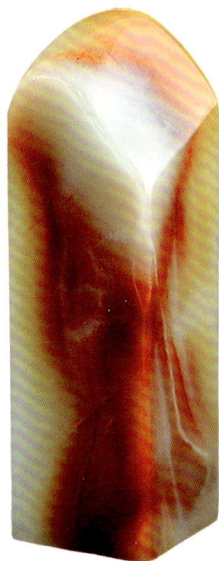

素扁章・寿山石
尺　寸　4.2厘米×3.1厘米×6厘米

独角兽手把件・寿山结晶性芙蓉石
尺　寸　7厘米×3.5厘米×5厘米
鉴石要点　圆雕瑞兽,卧姿,凝视前方。
　　　　　色彩斑斓古朴,造型浑厚凝
　　　　　重,具雄浑气势。

唤渡・寿山田黄石
尺　寸　5厘米×3厘米×3厘米
鉴石要点　白羽雕刻。

仙翁·寿山水洞高山石

尺　　寸　6厘米×3厘米×11厘米

鉴石要点　仙翁泰然而立，高额凸颊，髯须及胸，侧目含笑，意态顽皮，神韵妙不可言。由福建省工艺美术大师左一刀雕刻。

三联章·寿山夹板冻芙蓉石（正背）

尺　　寸　2.2厘米×2.2厘米×7.5厘米

鉴石要点　温润如玉，水头好，色泽红、黄、白三色，品相完整，雕工精美。

美女仙子·汶洋石

尺　　寸　9厘米×4厘米×12.5厘米

鉴石要点　品相完好，线条流畅生动，人
　　　　　物形象跃然石上。

瑞兽钮章·芙蓉冻石

尺　　寸　4厘米×4厘米×8厘米

鉴石要点　质地细腻，通体洁白，瑞兽钮造型别致，形态可人。

神童献寿·寿山石

尺　　寸　75厘米×60厘米×32厘米

鉴石要点　无论是寿星、孩童还是旁边的驯鹿、仙鹤，均刻画得细致入微、栩栩如生，使得整个作品充满了一派祥瑞之气，令人赏心悦目。作品布局巧妙，场面温馨，极见作者高超的雕琢功力，赏玩俱佳。张爱廷雕刻。

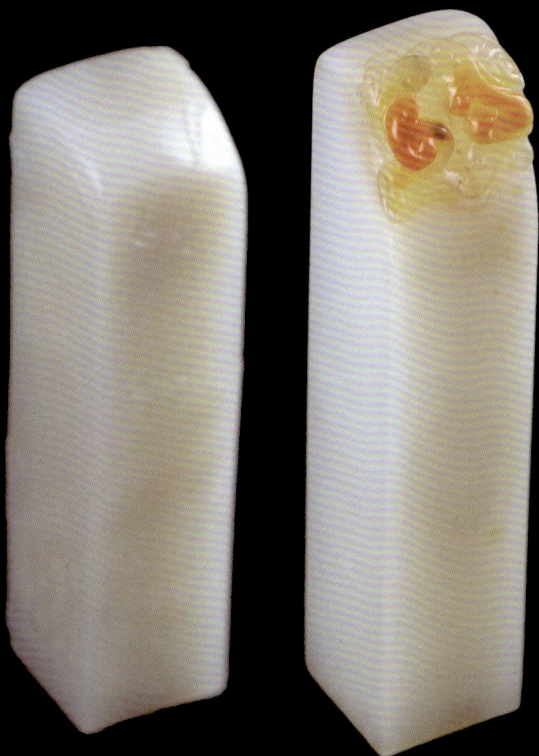

蟠螭纹钮对章·寿山石

尺　　寸　2.8厘米×2.8厘米×7.9厘米×2

鉴石要点　俏色巧雕，雕刻蟠螭纹钮，螭是
　　　　　中国古代神话传说中的一种与龙
　　　　　有关联的神兽，据说它是龙的子
　　　　　孙，因其造型多呈蜿蜒攀援状，
　　　　　所以称之为蟠螭纹。

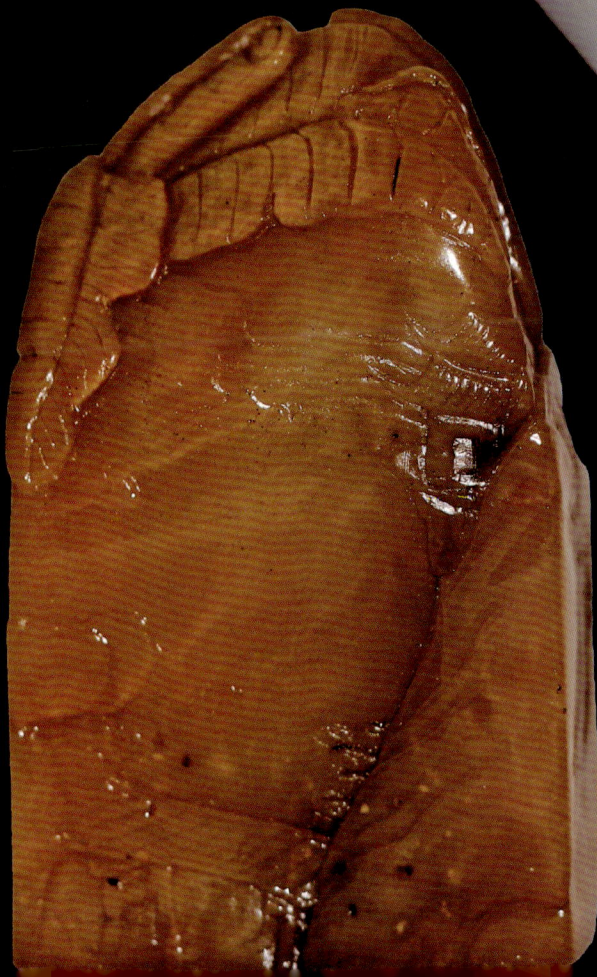

闲居山中·寿山田黄石

尺　　寸　2.6厘米×2.6厘米×8厘米

鉴石要点　色泽呈现明丽的黄色，外表依
　　　　　附浅浅的一缕田黄石特有的乌
　　　　　鸦黑石皮。作者用薄意的手法
　　　　　雕刻，房檐瓦楞，山间流水，
　　　　　意境古朴雅致。

福寿双全·寿山石

尺　　寸　25厘米×16厘米×6厘米

第二章

收藏有道，

内行玩家的不传秘诀

寿山石分类有门道

寿山石的分类标准有的按照出产地，有的是按照质地和颜色，不同的标准得出的种类也不同。清代康熙年间的学者高兆对寿山石进行了首次石种分类。

五花八门的分类方式

高兆在其所著的《观石录》中称："石有水坑、山坑。水坑悬绠下凿，质润姿温。山坑发之山蹊，姿暗然质微坚，往往有沙隐肤里，手摩挲则见。水坑上品，明泽如脂，衣缨拂之有痕。"随后，高兆的好友毛奇龄在《后观石录》中对自己所藏的寿山石从规格、色泽、石质、钮制、刻工诸方面逐一评介，并提出了"以田坑（田黄）为第一，水坑次之，山坑又次之"的重要论点，对后世寿山石的分类与等级评定有极大的影响。

总体来看，高兆和毛奇龄是把寿山石按其产地分为"田坑石"、"山坑石"、"水坑石"三大类，这也是寿山石的传统分类法。

近年来，不少学者在此基础上结合地质学、矿床学、矿物学对寿山石进行了一些分类，如2005年中国地质出版社出版的《系统宝石学》就按成因将寿山石分为次生型矿床、原生型矿床。次生型矿床按其产出位置分为田坑石、掘性石；原生型矿床按其产出位置分为水坑石、山坑石。并将每一种按颜色、质地、产地或坑洞进行细分，形成一个新的分类法。

福建省寿山石文化艺术研究会会长陈石在《寿山石图谱》中提出"三系五大类"的分类法。"三系"为高山系、月洋系和旗山系，"五类"为田坑石、水坑石、山坑石、旗山石和月洋石。另外据高天钧提出以矿物组合分类，分为地开石型、叶蜡石—地开石型和叶蜡石型。

福州大学汤德平教授提出根据寿山石的密度分为3个类

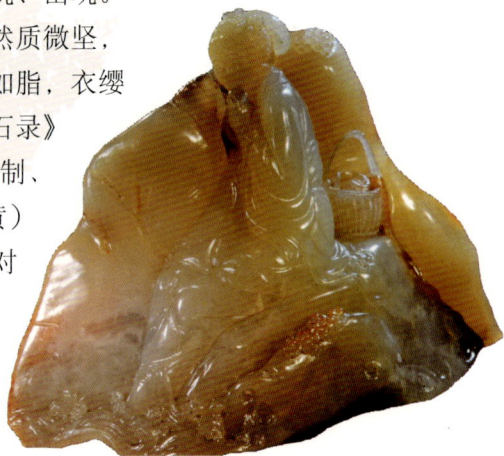

仙女散花摆件·寿山鸡母窝石

尺　寸　16.5厘米×5.5厘米×12.5厘米
鉴石要点　外形完整，材料质地优良，人物雕琢栩栩如生，颇具动感。

型：第一类，密度为2.57克/立方厘米～2.67克/立方厘米，这一类的寿山石是以地开石为主要矿物成分；第二类，密度为2.71克/立方厘米～2.79克/立方厘米，这一类以伊利石为主要矿物成分；第三类，密度为2.81克/立方厘米～2.87克/立方厘米，是以叶蜡石为主要矿物成分的寿山石。

　　另外，寿山石在宝石和彩石学中，属彩石大类的岩石亚类，它的种属、石名更为复杂，有100多个品种。

踏雪寻梅·寿山芙蓉石
尺　　寸　20厘米×15厘米×11厘米
鉴石要点　白羽雕刻。

寿山石传统分类方法

千余年来，由于寿山石的品种越出越多，再加上给新的石种取名时也很随意，有的是以矿洞命名，有的以产地命名，有的以石头的质地命名，有的以矿石的颜色命名，还有的是当地的石农自己随意取名，所以有时候让人感觉很繁杂。按照传统分类法的标准，寿山石可分为"田坑石"、"水坑石"和"山坑石"三大类。

【田坑石】

田坑石又称"田石"，主要出产于寿山村里的寿山溪旁的水田砂层中，是原生矿由于风化侵蚀后，经雨水或山洪冲击到某些地段沉积下来的。由于被水流搬离了原产地，所以田坑石大多无脉可寻，呈自然块状，水流的冲击让其失去了明显的棱角，外形殊异，沉积于1~2米深的田地底，采掘艰难，多为当地村民深挖田土后偶然所得，因此非常难得。田坑石的特征是石面上具有"萝卜

瑞兽吉祥手把件·寿山石

尺　　寸 3.5厘米×4厘米×6厘米
鉴石要点 一只憨态可掬的小狮子怀抱一只绣球，造型精美，雕工细腻。福建省工艺美术大师林文祥雕刻。

龙把件·寿山牛角冻石
尺　　寸 8厘米×6厘米

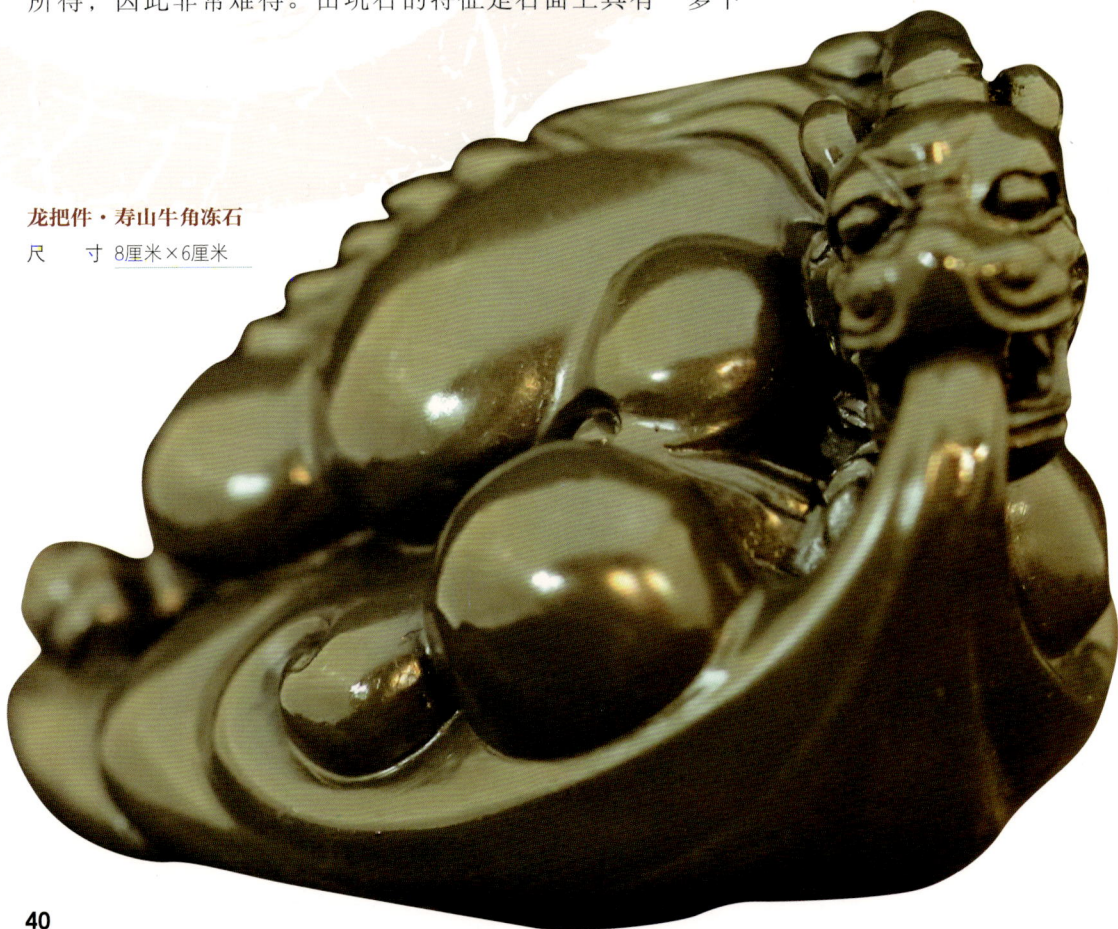

纹"、石皮，色泽外浓而内淡。

田石按产地的不同，有上坂、中坂、下坂和礁下之分。田石的品种命名主要按色泽区分品种，辅之以石质产地。田石以色泽分类，一般可分为黄田、红田、白田、灰田、黑田、花田和硬田等。

【水坑石】

水坑石的矿床主要位于"坑头占"山麓，这里是寿山溪的发源地，矿脉垂直倾斜，洞深如井，凿采困难，且坑洞深入溪涧底，坑底不断有地下水涌出，故名"水坑"。由于矿石长期受地下水的浸蚀，石质多呈凝冻、透明状，细腻圆润，表面有光泽。水坑石是寿山石中各种冻石的荟萃，主要品种有水晶冻、黄冻、天蓝冻、鱼脑冻、牛角冻、桃花冻、鳝鱼冻、环冻、坑头冻及掘性坑头等，色泽多黄、白、灰、蓝诸色。水坑石的产量非常稀少，质量上佳者更是罕见。

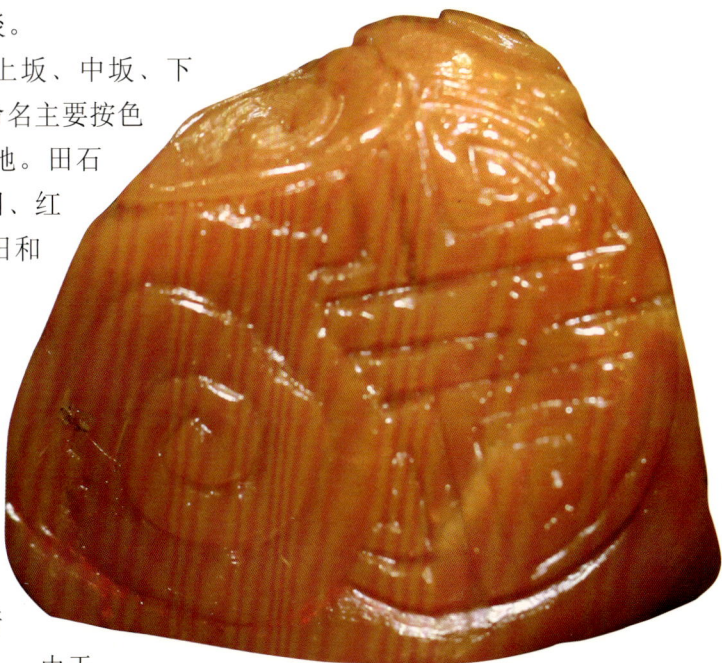

篆刻印章·寿山礁下田黄石

尺　　寸　20厘米×15厘米×11厘米
鉴石要点　重22.4克。

【山坑石】

山坑石主要产于寿山、月洋两个矿区，是寿山石中出产最高的种类。山坑石的石质因脉系及产地不同，各具特色，质地差异和变化都较大。因此，山坑石的品种也很多，比如有黄高山、红高山、白高山、虾背青、巧色高山、高山冻、高山环冻、高山晶、高山桃花冻、高山牛角冻、高山鱼脑冻、和尚洞高山、大洞高山、玛瑙高山、油白洞高山等，以及都成坑石、杜陵坑石、善伯洞石、金狮峰石、旗降石、老岭石、月洋石、峨嵋石等。

素章·寿山坑头晶石（一对）

尺　　寸　2.7厘米×2.7厘米×4.7厘米
鉴石要点　石质细腻油润，通体晶莹剔
透，不用任何雕琢就是一件很
好的观赏品。

雪山独钓·寿山芙蓉石

尺　　寸　10厘米×10厘米×5厘米

鉴石要点　色泽白红相间，鲜艳非常，白色明艳通透，红色雄
厚沉稳，精雕一老翁在崖边独钓，意境深刻。

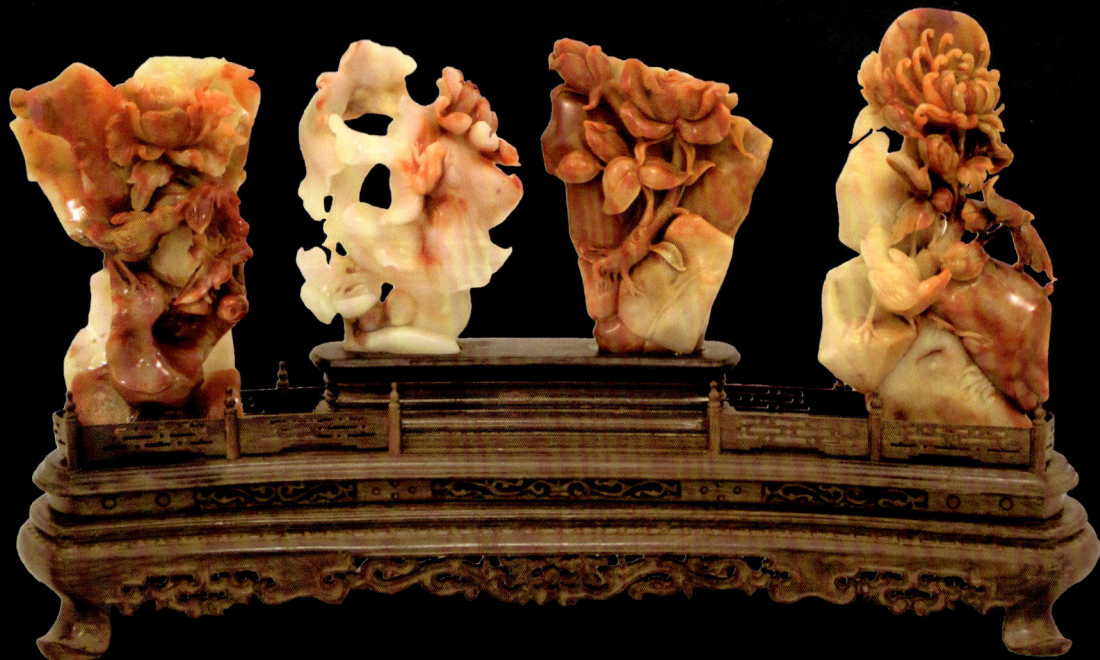

鸟语花香·寿山芙蓉石

尺　　寸　9厘米×6厘米×15厘米

鉴石要点　石质凝结滋润，温腻称手。雕工精细讨巧，顶部
作荷花卷叶造型，荷叶叶脉分明，边缘翻卷。菊
花争艳怒放，几只小鸟盘旋石上，生动有趣。

貔貅·寿山鲎箕石（正侧背）

尺　寸　4厘米×4厘米×8.5厘米

鉴石要点　肌理玲珑通澈，内部有细密清晰的纹路，貔貅雕
　　　　　刻细致、造型精美。

寿山石现代分类方法

2012年8月份正式实施的福建省地方标准《地理标志产品——寿山石》，对寿山石进行了不同的划分，具体内容如下：

寿山石品种分类一览表

类别		石种名称	产地	外观特征
田黄石类		田黄石	寿山溪中，西起坑头占，东止结门礐，总长约为8千米的小溪及两岸之田地、沙土中，总面积约1平方千米。	黄色微透明，肌里隐现萝卜丝纹，通常有黄皮、红筋络
		田黄冻石		田黄石中，质极通灵者
		金裹银田黄石		外层黄，肌里为白者之田石
		银裹金田黄石		外层白色，肌里为黄者之田石
		乌鸦皮田黄石		外裹黑皮，肌里为黄色之田石
		白田石		微黄偏白，萝卜纹较明显
		红田石		质地鲜艳通灵，红如橘皮
		黑田石		黑赭色，萝卜纹较粗
		灰田石		色淡灰，略带微黄
		硬田石		不通灵之粗劣田石
高山石类	坑头矿脉	水晶冻石	坑头水晶洞	莹澈透明，时有棉花纹，有红、白、黄水晶冻
		鱼脑冻石		白色半透明，含棉花纹，凝腻脂润
		黄冻石		黄色半透明，洁而凝腻
		鳝草冻石	坑头洞	灰黄色，半透明，隐深色细点或水草纹状
		牛角冻石		色黑中带赭如牛角，时有水波纹，通灵而有光泽
		天蓝冻石		色蔚蓝，质明净，半透明，蓝色愈淡愈佳
		桃花冻石		白色半透明，细红点多，或隐或现
		玛瑙冻石		半透明，色如玛瑙，有玛瑙纹
		环冻石		水坑冻石，肌里现泡状圆环，以环多清晰为上品
		坑头冻石		质纯而通灵者
		坑头石		质稍坚，微透明
		掘性坑头石	坑头洞旁砂土中	半透明，有红筋，肌里含萝卜纹或白晕点，多有稀皮

高山石类	高山矿脉	高山石	高山峰	质细而松，微透明，有白、红、黄、黑等各色
		高山晶石		纯白通灵，时有萝卜纹
		高山冻石		质凝腻，特通灵者
		荔枝洞石		质晶莹，色泽十分娇艳，时有萝卜纹与色皮
		鸡母窝石		质晶莹，色泽鲜艳，时有色皮与萝卜纹，多有色点
		太极头石		质晶莹、稍松，红、黄鲜艳，白者脂润，色层交接处浑化
		水洞高山石		质细松，时有萝卜纹，上油后色泽鲜艳
		四股四高山石		质稍坚，色层清晰、鲜艳通灵，性近都成坑石
		掘性高山石		纯洁通灵，外泛淡黄色，时有萝卜纹与色皮
		鲎箕石	高山峰西南侧芹石村	微透明，多有棉砂地，纹路粗，有金黄、暗红、白色等，质优者，俗称"鲎箕田"
		鲎箕花坑石		灰黑色的质地上，不规则地散落着或大或小的红色斑，或小小的白色斑、黑色斑与红筋纹，俗称"大红袍"
高山石类	都成坑矿脉	都成坑石	都成坑山	质坚润，透明，有光泽，时有长曲纹与灰色层，各色俱有
		琪源洞都成石		质晶莹温润，多为黄色，系都成坑之最
		掘性都成坑石	都成坑砂土中	质温润，多有石皮，肌里隐萝卜纹与红筋
		马背石	都成坑山西面	质坚，半透明，性近都成坑
		迷翠寮石	都成坑山顶	质细腻，微透明，含金砂地
		尼姑楼石	都成坑山旁	质坚脆，微透明，含白色点
		蛇匏石		微透明，多黄、红、豆青色相间，有砂地与色点
		鹿目格石	都成坑山坳	质细嫩，微透明，多黄色外裹色皮，时有红色透出，其中质优者，俗称"鹿目田"
		花坑石	方田仔山	质坚色彩斑斓，多有绿、黄结晶体夹石中，以晶体多为佳
高山石类	善伯矿脉	善伯洞石	善伯洞山	晶莹脂润，半透明，富有光泽，含细金砂点
		善伯尾（月尾仙）石	善伯、月尾山中间	质细腻，性近善伯，带有绿味，或淡紫色

高山石类	虎岗矿脉	虎岗石	虎岗山	质脆微坚，有虎皮斑纹
		新虎岗石		质细微坚，微透明，性近老岭通
		碓下黄石	虎岗山麓	质稍松，黄色不透明，格纹细密并含有白点
		铁头岭花坑石	铁头岭	白底色，间淡黑色圆形花纹或成人形，并交错有细红丝纹
高山石类	吊笕矿脉	吊笕石	吊笕山	质坚，黑色有光泽，时有白色纹点
		吊笕冻石		质通灵，隐黑、白纹
		鸡角岭石	吊笕山附近	质较粗松，多格纹
高山石类	金狮公矿脉	金狮峰石	金狮公山	质粗硬，含金属细砂及色斑
		金狮公牛蛋石		块状独石，含石皮，并有水流纹，内质地有粗、细分
		房栊岩石	金狮公山旁	质粗多砂，肌里隐色点结晶体
高山石类	奇降矿脉	老性奇降石	奇降山	质细而温嫩，性韧，时有花生糕，有黄、红、白、紫诸色
		银裹金奇降石		外层白色，内心全黄
		新性奇降石		质稍逊于老性奇降石
		焓红石		质坚而脆，青白中含赭黄或土红色，隐同类色色点
		掘性奇降石	奇降山土中	质温嫩，有色皮
高山石类	猴柴磹矿脉	猴柴磹石	猴柴南山	质松软，微透明，含砂丁，有灰、黑、暗红等色
高山石类	旗山矿脉	马头岗石	旗山马头岗	质硬多砂，不透明
		大洞黄石	旗山旁	质脆坚，不透明，色多暗黄，含黄色斑
高山石类	黄巢矿脉	党洋绿石	日溪黄巢山	质细，微透明，色青绿
		黄枣冻石		黄色结晶体，材小通灵，俗称"二号矿"
		松坪岭石		质稍坚，红、白色，白色多带绿意，格纹多
高山石类	柳岭矿脉	大山石	柳坪山旁	质坚，性近老岭石，多斑纹及斑点
		大山通石		质洁通灵者，石表时有白坚色层，以纯黄、纯青者为佳
		老岭石	柳岭山	质坚脆，微透明，颇具光泽，色多青、黄
		老岭通石		质地通灵者，其淡绿色结晶体为老岭晶

高山石类	柳坪矿脉	柳坪石	柳坪山尖	质粗松，不透明，含色点
		柳坪晶石		质淡绿或淡黄结晶体
芙蓉石类	月洋山矿脉	芙蓉石	加良山顶	质柔而细嫩，微透明
		将军洞芙蓉石	加良山将军洞	纯洁细腻，色如白玉
		醉芙蓉石	加良山顶	芙蓉石中黄带红色泽者，润比田黄
		五彩芙蓉石		质润，有红、赭、蓝、黑、白等多种色彩
		蜡烛红芙蓉石		质润、纯洁，色彩鲜艳，红似蜡烛
		半山石	加良山花羊洞	质地及色泽都逊于芙蓉石
		半粗石	加良山腰	质粗，色杂，多格纹
		绿若通石	芙蓉洞旁	通灵，青绿色，含红色浑点
		花羊洞峨嵋石	加良山花羊洞	质微坚，色杂，多格纹
		峨嵋石	加良山腰	质坚而细，多格纹
		溪蛋石	月洋溪中	质稍坚，形如卵状，外泛黄色
芙蓉石类	黄巢矿脉	山秀园石	南峰木扇木臭夹	质润，蜡质强，黄、红、白色，有黄砂粒
		夹板山秀园石		质坚有暗红、赭色、黑色、灰色及各种花纹
芙蓉石类	善伯矿脉	月尾石	月尾山	质细嫩，微透明，有光泽，有格纹，多绿、紫色
		艾叶绿石		质脆而通灵者
汶洋石类	柳岭矿脉	汶洋石	柳岭山后背	质地细腻，灵性强，具多种色彩，但裂纹多
汶洋石类	山仔濑矿脉	连江黄石	金山顶旁	色黄，质稍脆，微透明，隐直纹多细格
		山仔濑石	金山山腰	质稍坚，石表多赭黄色，肌里渐淡，多砂多格

螭虎穿环·寿山大山石（正背）

尺　寸　12厘米×4厘米×12厘米

鉴石要点　石质晶莹细腻，通体颜色均匀，
　　　　　螭虎穿环的镂空设计造型，越发
　　　　　体现出石材的莹澈通灵。

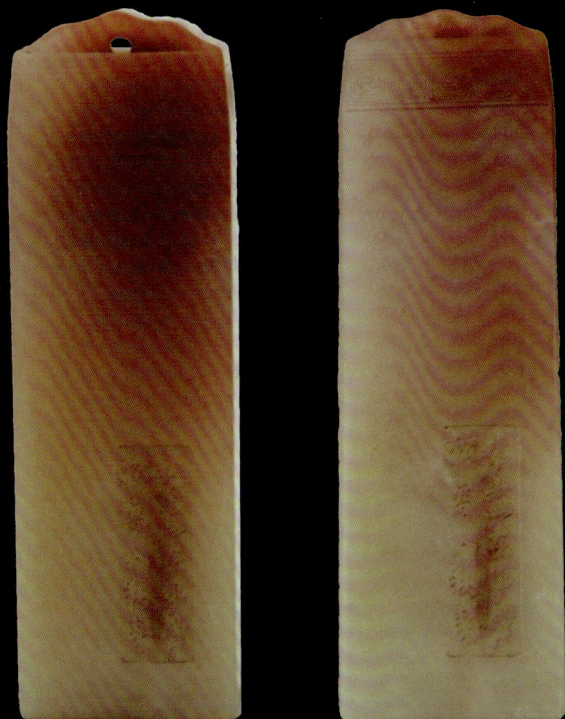

字章·寿山都城坑石

尺　　寸　2.6厘米×1.8厘米×9厘米
鉴石要点　博古纹钮，章体雕"诗清在风
　　　　　骨，松高入秋声"诗句。

指日高升·寿山芙蓉石

尺　　寸　18厘米×2厘米×13厘米
鉴石要点　石质温润细腻，色彩明丽，作
　　　　　者巧妙利用石头的颜色变化，
　　　　　雕刻指日高升，精细流畅，细
　　　　　节生动。

童子献寿·寿山黄巢冻石

尺　寸　7.5厘米×9厘米×6厘米

鉴石要点　两童子身着白色僧衣，齐抱一只
硕大的黄色寿桃，材质细腻，颜
色对比强烈。郑幼林雕刻。

映日荷花·寿山芙蓉石

尺　　寸　20厘米×10厘米×28厘米

鉴石要点　整件作品巧色运用得当，技法娴熟，荷叶招展，线条流畅，荷塘美景尽在方寸之间。

走马上任·寿山红花石

尺　　寸　107厘米×95厘米

鉴石要点　整个摆件颜色通体红润，雕工细腻，
人物和造型较多，苍松翠柏、深山峻
岭、亭台楼阁等，意境深远。

名利双收岭·寿山老岭石（局部）

名利双收·寿山老岭石

尺　寸　70厘米×30厘米×50厘米

鉴石要点　颜色鲜艳，雕工细腻，一只知了落在一大串
　　　　　饱满的荔枝上，蝉的翅膀和荔枝外壳纹饰清
　　　　　晰可见，寓意"名利双收"。

螭虎火焰钮章·寿山荔枝冻石
（正、侧、背、顶）

尺　　寸　3厘米×3厘米×8厘米

鉴石要点　俏色巧雕，在通体晶莹的印章顶部，有一小块黑色的石皮，雕刻者将石皮雕刻成一团火焰，将皮色巧妙地融为作品的组成部分。

松下雅集·寿山山秀园石

尺　　寸　30厘米×7厘米

鉴石要点　不论山石枝干、松针夹叶、流泉波纹，都非常细秀劲挺。松树下的三位高士，他们脸相、姿势各不相同，呈现出一种平静疏朗的氛围。

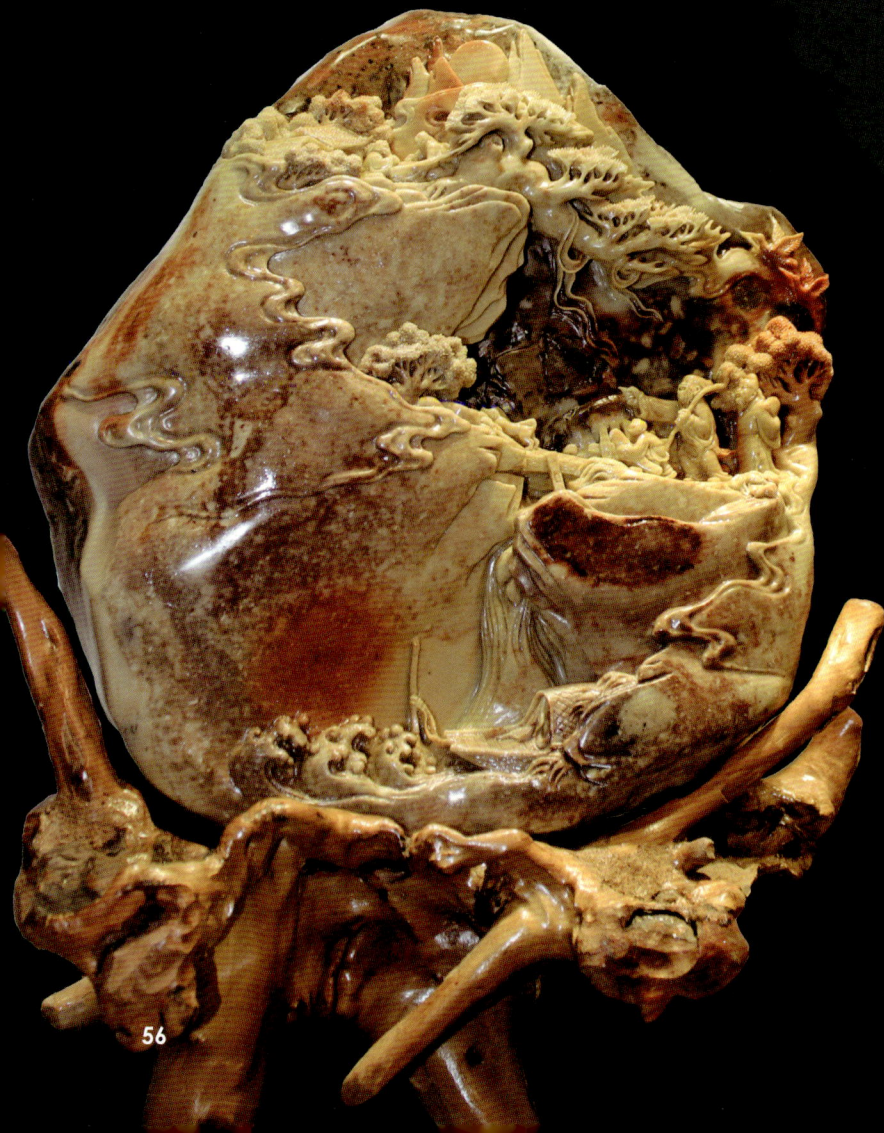

丝绸之路·寿山山秀园石

尺　寸　23厘米×12厘米×32厘米

鉴石要点　在苍茫的昆仑山上，一群驼队
　　　　　沿着一条弯曲的盘山道逶迤前
　　　　　行，仿佛那两千多年前中国与
　　　　　安息古国交流的一幕。

博古钮章·寿山红善伯石

尺　　寸　2.7厘米×2.7厘米×9.5厘米

鉴石要点　质地晶莹温润，蜡性较强，博古钮灵动曲折的几何造型，装饰效果强烈。林国弟雕刻。

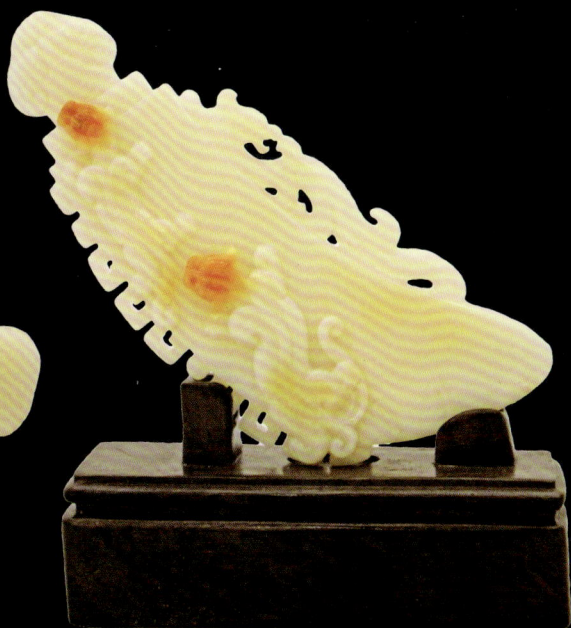

虺虎刀璧·寿山汶洋石（正背）

尺　寸　10厘米×10厘米×0.5厘米
鉴石要点　质地洁白，造型仿战国刀币之
　　　　　形，而于此之上另有创意，货
　　　　　币上雕螭龙相随。

龙头如意·寿山善伯石

尺　寸　22厘米×5厘米×3厘米
鉴石要点　长方形的造型，龙头回首形成
　　　　　一如意状，端庄秀丽，线条分
　　　　　明，寓意主人万事如意，福照
　　　　　众人。

白眉罗汉·牛蛋石（正、侧、背）

尺　　寸　10厘米×7厘米×17厘米

鉴石要点　两条眉毛雪白，长髯飘洒前胸，面部表情刻画
生动细腻，神态动作自然安详，衣褶线条流畅
飘逸，更显出一派潇洒之气。

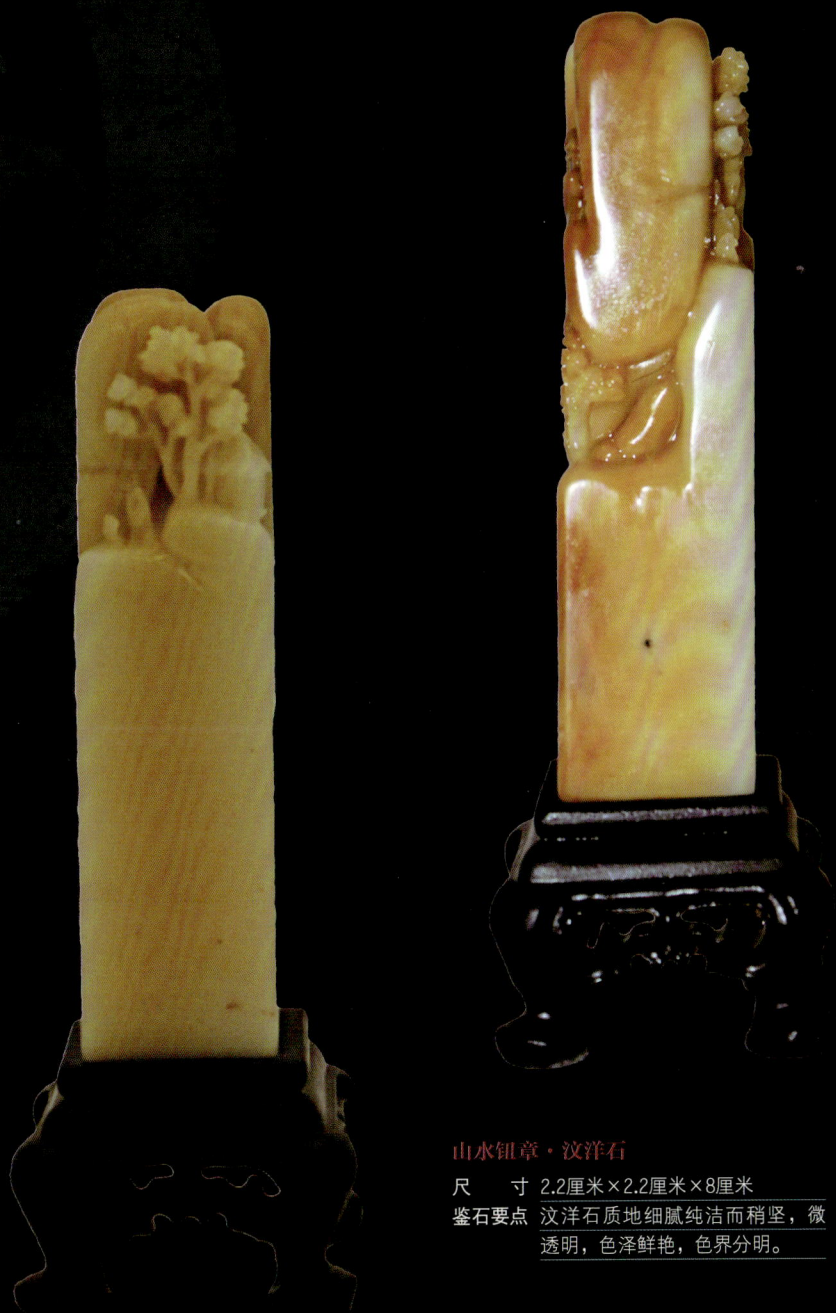

山水钮章·汶洋石

尺　寸　2.2厘米×2.2厘米×8厘米

鉴石要点　汶洋石质地细腻纯洁而稍坚，微
　　　　　透明，色泽鲜艳，色界分明。

贤士雅居·寿山朱砂石

尺　寸　23厘米×30厘米

鉴石要点　空山幽谷，小桥流水，童叟相拥着畅游于山
　　　　　水之间，此作品采用镂雕深挖等多种技法于
　　　　　一体，形象生动，景致迷人。

刘海戏金蟾·寿山松柏岭石

尺　寸　7厘米×5厘米×9厘米

鉴石要点　刘海额头宽大，前庭饱满，地阁方圆，眉眼喜似弯月，满嘴含笑，传神动人；而刘海脚下的金蟾则惟妙惟肖，煞是可爱。刘海戏金蟾寓意生活富足，大吉大利。

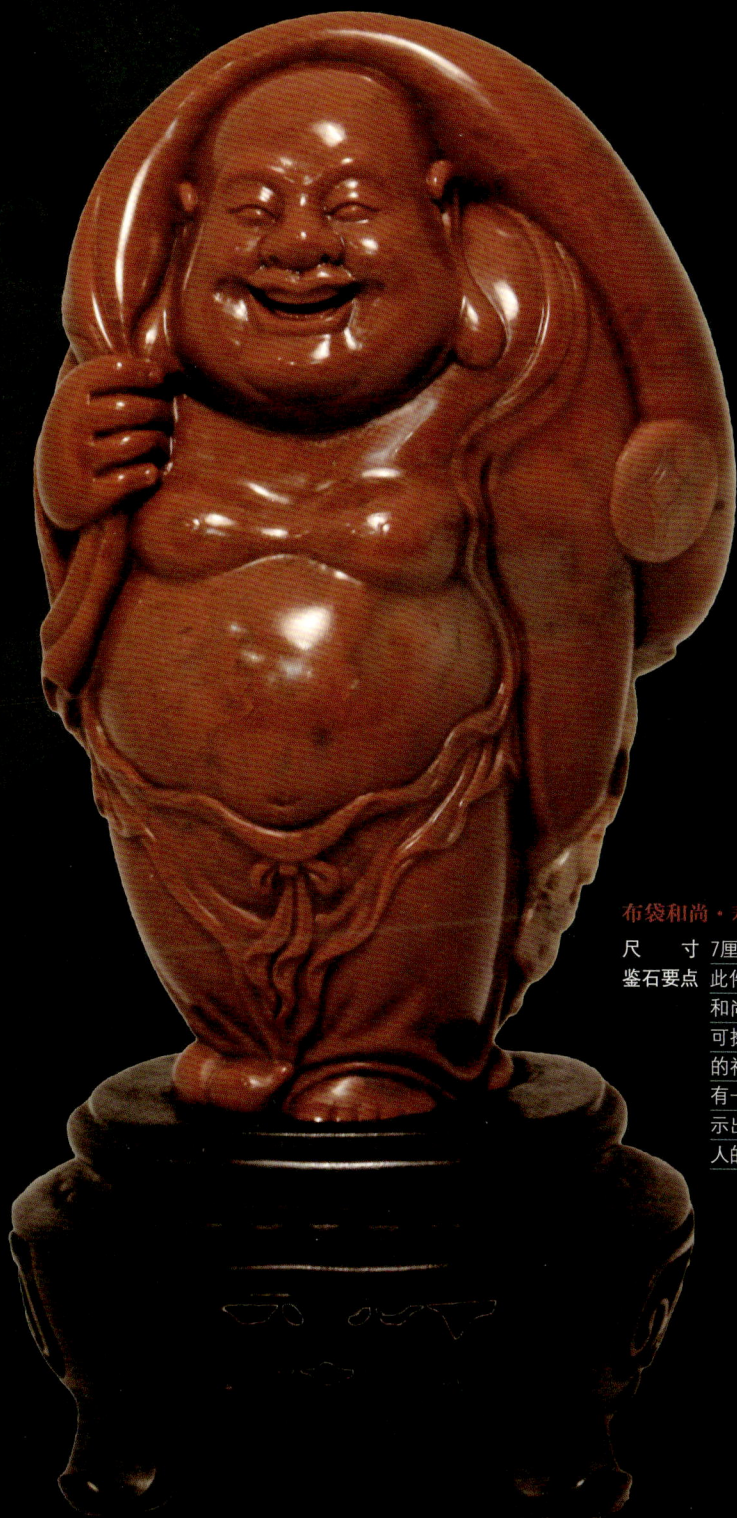

布袋和尚·寿山高山石

尺　　寸　7厘米×4厘米×12厘米

鉴石要点　此件雕刻简明而有力，布袋和尚的眉眼唇齿生动，笑容可掬，其淡泊而又嘻笑于世的神态表现得淋漓尽致，虽有一股玩世的态度，却又显示出其宽厚、仁慈、悲天悯人的另一面。

寿山石的三大系

根据山脉的走势分类，寿山石又可分为三大系，即：高山系、旗山系、月洋系。

高山系之田坑石

招财进宝·高山红田石

尺　　寸 15厘米×12厘米×10厘米
鉴石要点 质地细腻，色如橘皮，红中带赭，分别雕刻善财、欢喜、如意、送子、祈福五福童子一起献福，祝愿人间招财进宝。

高山系以寿山村南面约2千米的高山峰以及周围的群山、小溪为主要产地。这里所出产的寿山石的性质基本相似，大多为集晶状结构。高山峰矿多呈纵横交错的脉状结构，矿洞多达几十个。位于高山东侧的坑头是水坑石产地，有坑头洞和水晶洞两个主要矿洞，出产许多被称为千年稀珍的名贵石种。

高山系中最出名的要数田石，其中黄色者为

博古纹镇纸·高山红田石
尺　　寸　10厘米×3厘米×3.5厘米
鉴石要点　颜色艳丽，通体红润，镇纸规
　　　　　格小巧，入手厚重。博古纹饰
　　　　　流畅，生动曲折，造型优雅，
　　　　　为案头文房佳器。

田黄，田黄在历史上就有"石帝"、"石中之王"的尊称。

　　田石产于寿山乡里洋、外洋之间的寿山溪的两旁，其原本并不生于田土里，而是附近高山、坑头、杜陵等处的游离石块，由于地理变化以及水流的冲击最后转移到了砂土水田之中，由于常年在地下埋藏，受水流、泥沙、地热等的侵蚀，使得石质呈微透明状，并且具有温润、凝腻的灵性。如上节所述，田石肌理常隐含细微有致的萝卜纹，外表常裹上一层黑色、白色或黄色的石皮，并多有红格，这些都成为鉴别田石的主要依据。

高山系之田坑石石种一览表

石种	石质
田黄	黄色、半透明、肌里隐现细萝卜纹。
田黄冻	其质地温润细腻，比田黄石更加通透、灵动，整个石块通体明透，似凝固的蜂蜜。人们常说黄金易得，田黄难求，田黄冻更是田黄石中的精品。
银裹金田黄	内白外黄的田黄石，看起来好像去了壳的新鲜鸡蛋，外表生着一层浅色白皮，光泽明亮，甚为名贵。
白田	田坑石中色白者，名"白田"，多产自上、中坂。色非纯白，多略呈淡黄或蛋青色，似丰脂玉，萝卜纹明显，有红筋，格纹如血缕。《观石录》称这种石："洁则梁园之雪，雁荡之云；温则飞燕之肤，玉环之体，入手使人心荡。"
红田	红田是自然生成的，一身原红色，色如橘皮，红中带赭，称橘皮红，是稀有的石种。
煨红田	外泛橙红色，里层为黄色。
黑田	黑皮田，上、中、下、坂均有，田黄石中外表有微透明黑色皮者。
纯黑田	主要产于下坂田中，黑赭色，微透明，萝卜纹较粗。
灰黑田	上、中、下坂均有，浅灰色，略带微黄，肌里含黑斑。
硬田	寿山村水田中，田坑石中质粗劣者。

牧童骑牛·高山黑田石（正背）

尺　寸　27厘米×7厘米×13厘米

鉴石要点　圆雕一牛，牛呈卧姿，背上驮一童子，童子左手捧书，右手托腮。牛与童子均呈欢愉表情。雕琢精致，特别是牛身上的牛毛根根可见，造型惟妙惟肖。

三峡情·寿山高山石

尺　　寸　60厘米×50厘米×20厘米
鉴石要点　石质温润、凝腻，颜色艳丽，雕工细腻，江上
　　　　　风紧浪急，船工们手舞船桨，急流勇进。

海底世界·寿山高山石

尺　寸　14厘米×3厘米×13厘米

鉴石要点　石质结实，颜色红黄分明，海底世界的题材与石材的色彩完美结合，让观者看时好似游离于海底，与鱼儿为伍。

魑虎博古摆件·寿山高山太极石（正背）
尺　寸　11厘米×7厘米×0.5厘米
鉴石要点　石质细腻，外形就好像新鲜的荔枝果
　　　　　肉，色泽白中泛黄。镂雕瑞兽，更是
　　　　　气势不凡。

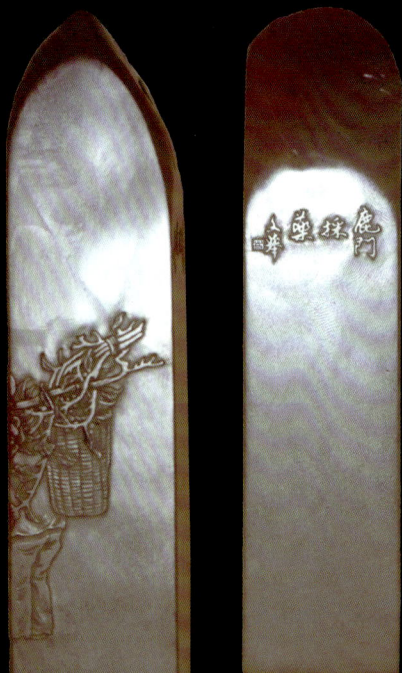

鹿门采药方章·寿山高山水冻石
尺　寸　3厘米×3厘米×12厘米
鉴石要点　高山水冻石质如凝脂，通灵细腻，微透
　　　　　明，肌理隐含棉花细纹。此枚方章采用薄
　　　　　意雕刻一老者肩挑竹篓采药而归，刀法精
　　　　　湛，刀工细腻。林文举雕刻。

精美茶盘·寿山高山石
尺　寸　63厘米×36厘米×20厘米
鉴石要点　造型为一茶盘，盘上雕刻有三只瑞兽在松林间穿梭，造型威猛生
　　　　　动，其中一只口含铜钱，寓意旺财。

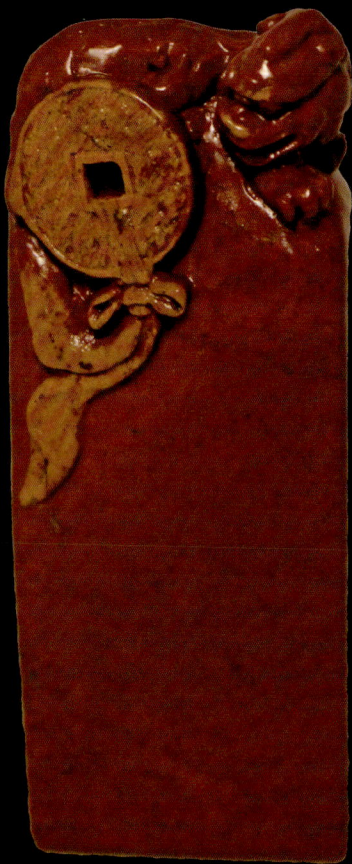

瑞兽招财钮章·寿山高山石

尺　　寸　3厘米×2厘米×8.5厘米

鉴石要点　此件印章巧妙地利用了钮部红黄两种颜色，将黄色部分雕刻成金灿灿的铜钱，红色部分雕刻成一只回头瑞兽，寓意招财进宝。

一壶春·寿山高山石

尺　寸　30厘米×4厘米×17厘米

鉴石要点　题材取自太白醉酒，在一只硕大
　　　　　的酒葫芦旁边，太白身披长袍，
　　　　　腰扎宽带，醉眼朦胧，一副舒适
　　　　　颐然之态。以圆雕技法制成，雕
　　　　　琢洗练逼真，衣纹线条流畅，巧
　　　　　思独运，形妙神全。

高山系之水坑石

水坑石也像田石一样属于高山系统，因深藏于终年积水之坑洞之中，因而得名。

水坑石石质微坚，有黄、白、灰、蓝等色。品种主要有：水晶冻、黄冻、天蓝冻、鱼脑冻、牛角冻、鳝草冻、环冻及掘性坑头等。

乐在其中·寿山黄冻石（局部）

高山系之水坑石石种一览表

石种	石质
黄冻	石质细腻如蜜蜡，颜色像枇杷，纯净无瑕，肌理间有红筋，与田黄冻相似，但没有石皮。
水晶冻	又名晶玉，主要产于坑头占山水晶洞，是水坑石的上品。有白、黄、蓝诸色，分别称为白水晶冻、黄水晶冻、蓝水晶冻。其中白水晶冻较多见。白水冻又名晶玉，白色透明，肌理有棉花纹，偶有小粒点夹其间，俗称"虱姆卵"。质地细嫩微坚。
天蓝冻	色蔚蓝带白或黄，肌理有黑点和棉花纹，如云霞朵朵。
鱼脑冻	《后观石录》称其为"半脂"，因状如煮熟的鱼脑而得名。石质温润莹洁，半透明，肌理隐含棉花纹，产量稀少，十分难得，是水坑中的珍品。
牛角冻	质地通灵，肌理隐存水流纹，纹色浓淡交错，黑中带赭，温雅可爱。
鳝草冻	又名"仙草冻"，质地细腻润滑，呈半透明体，灰白色中带有微黄，类似鳝鱼之背脊。
环冻	水坑各石的肌理中，时有泛水珠、水泡般的环纹出现，或零星分布，或环环相连，蔚为奇观。有单环、双环乃至多环相连，布满石面，以环纹清晰、疏密得当为上品。
掘性坑头	散落于坑头洞一带的块状独石，有棱角，多黄色，时有丝纹，纹理较粗，皮粉黄不透明，中则微透明，多具有红筋、裂痕，且时起白晕点。

乐在其中·黄冻石

尺　　寸　29厘米×37厘米

鉴石要点　一大肚弥勒笑意盈盈侧身站立，身旁一众小童聚集玩耍自得其乐。

高山系之山坑石

山坑石，是寿山石中的大宗，是高中档寿山石印章和石雕艺术品的主要原料来源。

高山系之山坑石石种一览表

石种	石质
高山石	产于高山峰各矿洞，质细而松，色泽瑰丽多彩
红高山	高山石中，纯红色者
白高山	高山石中，纯白色者
黄高山	高山石中，纯黄色者
巧色高山	高山石中，含二色以上色泽者
大洞高山	高山大洞质坚，有白、黄等色
玛瑙洞高山	高山玛瑙洞，色红或黄、微透明似玛瑙
油白洞高山	高山油白洞，质涩色白，似油脂
水洞高山	高山水洞，质透明，含萝卜纹
四股四高山	高山四股洞，质坚，微透明，似"都成坑"
荔枝树高山	高山荔枝洞，质细通灵，含萝卜纹
高山冻	高山峰各矿洞，高山石中，质特通灵者
高山晶	高山峰各矿洞，高山石中，纯白晶莹者
掘性高山	高山峰砂土中，结腻通灵，外表泛淡黄色石皮
小高山	小高山啼嘛洞，质粗松，含裂纹、泪痕
太极头	高山石极头，质晶莹透澈，有红、黄、白、赭色
都成坑	都成坑山各矿洞，质坚通灵，光彩夺目
黄都成	都成坑石中，纯黄色者
红都成	都成坑石中，纯红色者
白都城	都成坑石中，纯黄色者
掘性都成	都成坑砂土中，质温润，含石皮、红筋及萝卜纹
鹿目格	都成坑山坳中，质细润，微透明，外裹色皮
善伯洞	都成坑临溪山中，晶莹脂润，半透明，含"金砂地"
月尾石	产于月尾山，质细嫩，微透明，富有光泽
月尾紫	月尾石中，色浓紫者
月尾绿	月尾石中，色翠而通明者

艾叶绿	质凝腻，色如老艾之叶
月尾冻	质地温润凝腻的月尾石
月尾晶	质地晶莹、透明的月尾石
连江黄	产于金山顶，质硬微脆，隐直纹，色纯黄
山仔濑	金山附近，质粗，不透明，含砂砾

玉堂春色·月尾艾叶绿石（顶正背）

尺　　寸　3.5厘米×3.5厘米×10厘米

鉴石要点　月尾艾叶绿指月尾石中色花翠似老艾之叶的矿块。月尾艾叶绿产量甚微，以奇特稀有而见珍。此枚印章色呈深绿色，印身用薄意技法雕刻花卉图案，刀法细腻精湛。龙云雕刻。

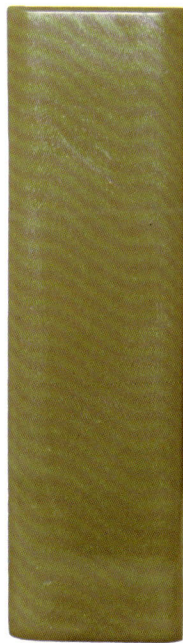

梅雀争春·寿山月尾艾叶绿石（正侧背）

尺　　寸　3厘米×3厘米×22厘米

鉴石要点　因势造型，一对喜鹊一仰一俯，一上一下立于梅枝上，呼应对鸣，形象逼真。龙云雕刻。

月洋系石种

月洋系特指寿山村东南8千米处月洋村月洋山其周遭所产寿山石，品种有芙蓉石、半山石、竹头窝、溪蛋、峨嵋石等十余种，其中最好的是芙蓉石，被称为中国"印石三宝"（田黄、芙蓉、鸡血)之一。

松鹤延年·寿山芙蓉石（局部）

月洋系石种一览表

石种	石质
月洋石	芙蓉石，加良山顶，质柔而细腻，微透明
白芙蓉	芙蓉石中，纯白色者
黄芙蓉	芙蓉石中，纯黄色者
红芙蓉	芙蓉石中，米红色者
芙蓉青	芙蓉石中，淡青色者
半山	加良山花羊洞，质细有裂纹，色多不纯
白半山	半山石中，色纯白者
黄半山	半山石中，色黄者
红半山	半山石中，色粉红者
花半山	半山石中，地白色，含红色斑者
半粗	加良山各矿洞，质粗色杂，多裂纹
绿若通	芙蓉洞附近，质微坚而通灵，色青翠
竹头窝	加良山竹蓝洞，质细而脂润，半透明，微带绿意
竹头粗	竹头窝石中，质不纯者
峨嵋石	加良山一带，质坚、细，多裂纹
溪蛋	月洋溪中，质稍坚，形如卵状，外泛黄色

松鹤延年·寿山芙蓉石

尺　寸　16厘米×6厘米×22厘米
鉴石要点　一群仙鹤在松树枝头自由嬉
戏，为传统的松鹤延年题材，
寓意吉祥长寿。

福禄人生摆件·寿山芙蓉石

尺　　寸　14厘米×6厘米×22厘米

鉴石要点　题材内容丰富，三童子分别或捧
　　　　　或抱葫芦、铜钱、人参、寿桃，
　　　　　雕工细腻，寓意福禄人生。

山谷幽居·寿山芙蓉石

尺　　寸　7厘米×8厘米×4厘米

鉴石要点　色如秋栗，光泽悦目。远山苍
　　　　　松云飞，亭台楼阁半隐，一翁
　　　　　一童行于山间，悠然自得。

嬉戏·寿山芙蓉石

尺　　寸　9厘米×4厘米×12厘米

鉴石要点　石质凝润，色彩鲜艳。两只小鸟落在宽大的荷叶上欢快地嬉戏，造
　　　　　型别致，形象生动。

和合二仙·寿山芙蓉石

尺　寸　11厘米×12厘米×15厘米
鉴石要点　圆雕和合二仙形象，线条圆润流畅，人物刻画生动，表情可爱，笑意盈盈，喜气吉祥。

灵芝摆件·寿山芙蓉石（正背）

尺　寸　11厘米×5厘米×9厘米

鉴石要点　颜色艳丽，灵芝造型别致，叶片肥厚。灵芝，又称"瑞草"、"瑞芝"，被道家视作"仙草"，认为有驻颜不老、起死回生之效。

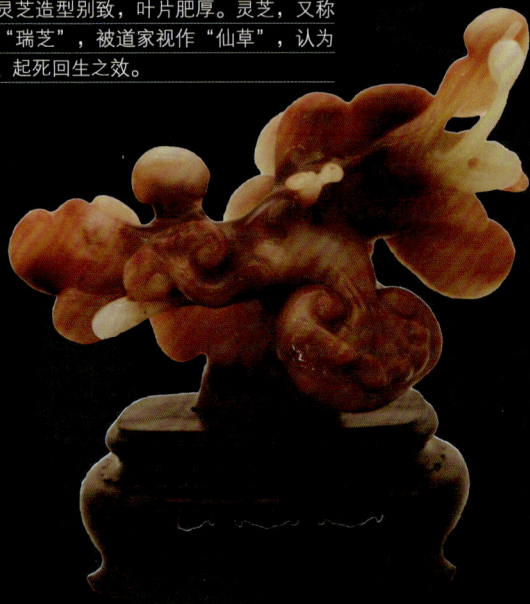

海底世界·寿山芙蓉石（正背）

尺　寸　23厘米×24厘米×8厘米

鉴石要点　五彩缤纷的海底世界，各种鱼穿梭游弋在珊瑚丛中，趣味生动。张建明雕刻，获天工奖银奖。

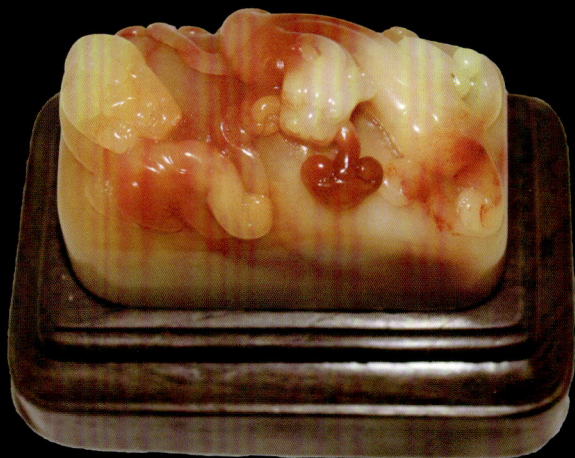

魑龙钮印章·寿山芙蓉石（侧顶）

尺　　寸　5.5厘米×3厘米×4厘米

鉴石要点　黄色凝润的石色间夹杂片片桃红
　　　　　色，犹如晚霞，洒落山间，印章
　　　　　顶端雕刻螭龙纹，十分灵动。

龙珠印章·寿山芙蓉石

尺　　寸　9厘米×9厘米×8厘米

鉴石要点　几条龙的姿态各不相同，但每
　　　　　条龙的龙首均威风凛凛，鳞
　　　　　片、云纹开丝精细，栩栩如
　　　　　生。各龙争抢宝珠，动势非
　　　　　凡，呼之欲出。

寒江独钓·寿山芙蓉石

尺　寸　11厘米×9厘米×4厘米
鉴石要点　一叶扁舟上有一位老翁俯身垂钓，意境犹如唐代柳宗元的那首《绝句》："千山鸟飞绝，万径人踪灭。孤舟蓑笠翁，独钓寒江雪。"

螭虎穿钱·寿山芙蓉石

尺　寸　12厘米×9厘米×5厘米

鉴石要点　石质细腻，造型精美，几只螭
虎穿钱而过，寓意吉祥。

十二生肖·寿山芙蓉石

鉴石要点　采用圆雕等技法，巧妙雕刻12
生肖套件，精巧可爱。

弥勒佛摆件·寿山芙蓉石

尺　　寸　15厘米×7厘米×9厘米

鉴石要点　圆雕弥勒佛像，其袒胸露乳，
慈眉善目，张嘴大笑。身旁一
童子手捧寿桃，活泼天真。

观音·寿山白芙蓉石

尺　寸　7厘米×3厘米×15厘米

鉴石要点　观音手捧玉净瓶站在宝座上，风帽遮头。修眉似柳叶，直鼻小口，双目微合。旁边坐一小童，双手合十，面容安详。

花开富贵·寿山芙蓉石

尺　　寸　16厘米×24厘米×6厘米

鉴石要点　造型新颖、立体感强、色彩鲜艳。雕刻的盛开着的牡丹花自然逼真、富贵妩媚，透出祥瑞之气。

寿比南山·寿山芙蓉石

尺　　寸　9厘米×9厘米×6厘米

鉴石要点　两个小童身背布袋，腰缠葫
芦，一只白色金蟾趴在一个小
童的背上，作品造型别致，生
动传神。

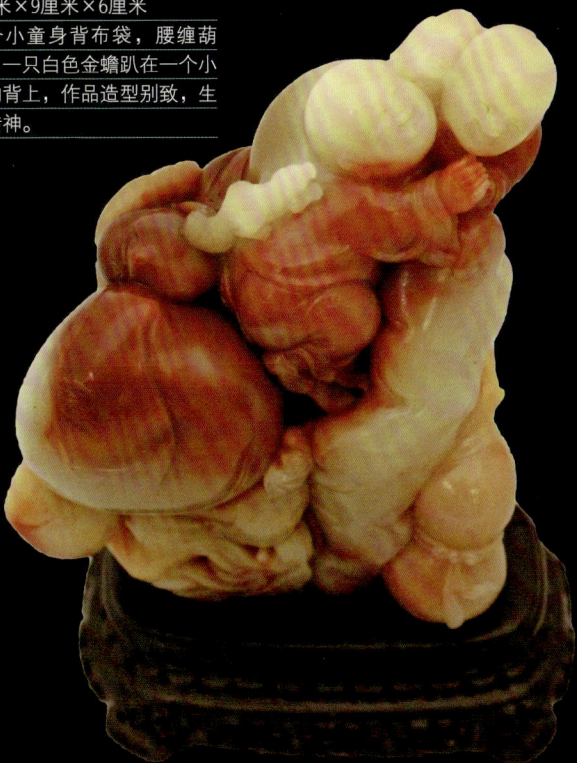

金玉满堂·寿山芙蓉石

尺　　寸　5厘米×1.5厘米×4厘米

鉴石要点　三件摆件雕刻鲤鱼在浪弋中游弋的题材，色彩
丰富，颜色艳丽，寓意金玉满堂。

旗山系石种

在高山的北面，西起旗山，沿东北向走经柳岭、旗降山、黄巢山、柳坪、金狮峰，最后东达远离高山的金山顶，这绵延六千米的群峰中所产矿石均归入旗山系。旗山系的寿山石矿藏丰富，品种繁多，有各色旗降石、焓红、煨乌、汶洋石、大山石、老岭石、豆叶青、圭背石、九茶岩、连江黄、山仔濑、吊笕石、柳坪石、山秀园石、鸡角岭、金狮峰、房栊岩、牛蛋黄、寺坪石、二号矿冻石、松坪岭等。

旗山系矿藏丰富，品种繁多，仅次于高山系，但颇为分散。石质与石性差距较大，以坚、脆、硬以及不透明的粗劣品种为多，多数只能作为工业用料或雕刻普

莲叶童子·旗降石

尺　寸　7厘米×2厘米×5厘米

鉴石要点　旗降石石性温润明亮，色泽艳丽纯洁。此作采用圆雕技法，童子横卧莲叶之中，八字眉，鼻梁高挑，小口，头上心形发一绺，双目微闭，左右各执寿桃。此器刀法粗犷，姿态活泼，表现出了童子的天真性格。

通摆件和规格化印章。当然也有佳石出产，如老岭晶、大山通、豆叶青、柳坪晶等也备受藏家青睐，而旗降石则可以与高山系、月洋系所产名石争一日之长。旗降石是旗山系最佳石种，石质坚实纯洁，色彩艳丽，富有光泽，且多为数色相间，色界分明，近年不少名家传世作品采用旗降石雕镂而成，艺术效果特佳。

招财纳福·寿山旗降石

尺　　寸　6厘米×2厘米×7厘米
鉴石要点　弥勒佛双耳齐肩，仰天微笑，右手捧着一只大元宝，寓意招财纳宝。

旗山系石种一览表

石种	石质
旗降石	产于旗降山，质坚细而温润，微透明而富有光泽
旗降黄	旗降石中，色纯黄者
旗降红	旗降石中，色纯红者
旗降白	旗降石中，色纯白者
旗降紫	旗降石中，色浓紫或紫白相间者
银裹金旗降	旗降石中，白皮黄心者
掘性旗降	旗降山砂土中，质温嫩，泛色皮
焓红	旗降山，质粗硬，色多苍白或赭黄
大山石	柳岭旁，质似老岭石，但多裂纹
大山通	大山石中，质地通灵者
旗山石	三界黄，旗山一带，质粗不透明，多红、黄、白三色交杂
鸡母窝	旗山一带，质粗劣，不透明，多赭黄色

玩寿山石必知的品种

寿山石种类繁多，但不同的品种无论是质地和颜色以及矿藏资源都有很大的差距，这也使得一些石种的价格远远高于其他石种，最为名贵的要数田黄石。

田黄石

田黄石自古就因为有"福"（福建）、"寿"（寿山）、"田"（财富）、"黄"（皇帝专用色）的寓意，具备细、洁、润、腻、温、凝印石之六德，被称为"帝石"，并成为清朝祭天专用的国石。据史料记载，清朝福建巡抚用一整块上等田黄雕刻了"三连章"送给乾隆皇帝，乾隆对此奉为至宝，清室代代相传；咸丰帝临终时，赐予慈禧一方田黄御玺；末代皇朝解体，溥仪不要所有珍宝，只将那枚"三连章"缝在棉衣里。田黄石收藏一直都是收藏者们最为追捧的一类收藏，其价格领衔寿山石市场。

溪头唤渡·田黄石

鉴石要点 重39克，色泽呈现明丽的黄色，外表依附浅浅的一缕田黄石特有的乌鸦黑石皮。薄意雕刻溪头唤渡图，杨柳青青，溪水潺潺，一派旖旎风光。

【田黄的传说】

关于田黄石的来历，当地还流传着一个动人的传说：盘古开天辟地，女娲用黄泥造人，日月星辰各司其职，子民安居乐业，四海歌舞升平。

后来共工与颛顼争帝位，不胜而头触不周之山，导致天柱折，地维绝，四极废，九州裂，天倾西北，地陷东南，洪水泛滥，大火蔓延，人民流离失所。

女娲看到她的子民们陷入巨大灾难之中，十分关切，决心炼石以补苍天。于是，女娲在天台山顶堆巨石为炉，取五色土为料，又借来太阳神火，历时九天九夜，炼就了五色巨石36501块。然后又历时九天九夜，用36500块五彩石将天补好。

女娲补天之后，还剩下许多大小不一的灵石，于是她在神州大地上空巡视，最后发现福州寿山山林清幽，景致绝美，就把这些曾经用于补天的灵石撒向了寿山的大地，这就是寿山水田中的田黄石。

还有的故事说田黄石乃神鸟凤凰的鸟蛋所变化而成，所以田黄石有驱灾避邪、延年益寿等功效。

春江水暖·田黄石

鉴石要点 重19.1克，薄意雕刻春江水暖图，细致逼真地抓住大自然中的节气变化特点，生动形象地勾出一幅江南早春的秀丽景象。

【田黄的市场走势】

田黄石没有完整的矿脉，无脉可寻，无根而璞。不但历来产量很低，而且大块的田黄石极为罕见。历经数百年的不断挖掘，精品田黄石的数量很少，优质的寿山田黄现在一年也出不了一两块，几近绝迹，所以价格也越炒越高。过去有"一两田黄一两金"的说法，但目前一两田黄的价格早已比一两黄金高出好几倍。比如，在2013年11月举行的中国嘉德2013秋季拍卖会上，41件寿山石雕全部成交，总成交金额高达6162万元，其中一枚重80g的黄金黄田黄石太狮少狮钮方章以1115.5万元成交，单克成交价格高达13.94万元，比早前嘉德春拍一枚131克的田黄石素方章创下的田黄单克10.1万元的纪录大涨38.02%，涨幅高达4成。

【巧辨田黄不打眼】

田黄石价格高涨，自然也就成了市场造假者"青睐"的对象。要区分真假田黄石可以从石形、石质、石色、石皮以及萝卜纹、红筋等方面入手。

春江待渡·田黄石

鉴石要点 重19克，石质细腻温润，黄色浓郁，微透。和风细柳下，一老者端坐，等待渡船过江。白羽雕刻。

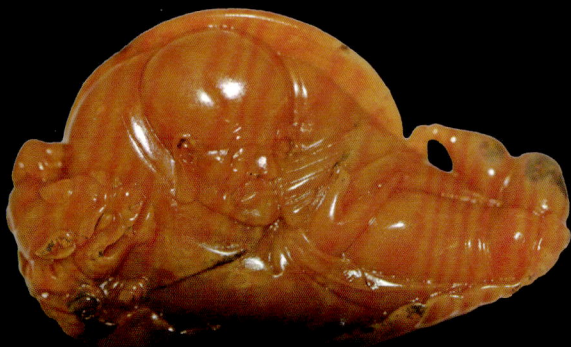

降龙罗汉手把件·田黄石

鉴石要点 重42克，肌体内丝纹清晰，外附一层田黄石所特有的乌鸦黑石皮，采用圆雕技法雕刻—降龙罗汉，身披禅衣，端坐蒲团上，手执酒葫芦。龙盘右侧，昂首望罗汉，与罗汉神威之气相映成趣。冯志杰雕刻。

金蟾·田黄石

鉴石要点 重30克，质地细润通灵，纹理细腻，黄似枇杷。圆雕—金蟾造型，线条老道，刻画生动。林贞瑞雕刻。

牧牛薄意雕·田黄石

鉴石要点 重36.1克，质地致密、灵透，色泽澄黄，薄意雕刻一牧牛图，古雅高洁。

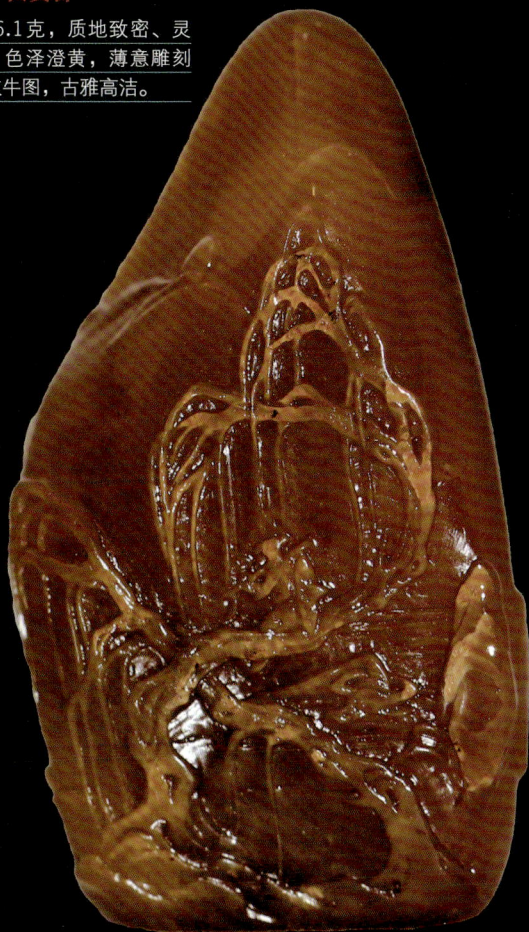

鳌龙·寿山田黄石

鉴石要点 重17克，鳌龙露首藏尾，盘旋云海之间。头似狮，角似鹿，双目炯炯，张吻飞须，威严凶猛。

石形，田黄石是在地质运动中由于火山爆发，从山上滚下来的石头，因为"一路颠簸"，所以没有棱角，其外形多呈卵石状，光滑圆润。

石质，在田黄表面，一般会产生一些细细的裂痕。不同于开采、保护得很好的原生矿，因为田黄石是在从山上滚到山下的，在由流水把它运载到土里的过程中，经过无数磕磕碰碰，大部分田黄石或多或少都带有裂痕，多呈现于表层，交叉状，如龟裂纹。

石皮，田黄石由于长时间埋在泥土中，泥土在有机肥的作用下有了酸性成分，石头也被慢慢酸化，其中一些容易溶解的颜色就会浮现在石头表面，比如黄色。这些颜色在泥土中无法流失，最后会再重新作用于石头内部，"像自己的血抽出来再回去染上自己的皮肤"，这就造成了田黄表皮的不一样。大多数田黄石的外表都有黄色或黑色的皮层包裹着，或厚或薄，或全裹，或稀疏挂皮，形态变幻无常，虽然也有一些田黄石因为色皮极薄，一经雕刻打磨即被清除，但田黄石的颜色都不是表里如一的，通常是由表皮向里层逐渐转淡，乃至泛白。这种色彩的变化规律，

籽料·寿山田黄石

鉴石要点 经过数百年的连续掘采，田黄石如今已开采殆尽，上乘的田黄早已是无价之宝。

童子拜观音随形章·寿山田黄石

尺　寸　2.7厘米×1.2厘米×3厘米

鉴石要点 重15.9克，作者巧借外层浅黄色石皮，薄意雕出童子拜观音画面，构图清爽明快，观音手持莲花，造型优美，童子奔波追逐，极具动势。汪世杰雕刻。

98

块头大的田黄石尤为明显。

石色,因为酸性作用,石头中的颜色被稀释,石头会变淡,再次染色的过程是一个自然的过程,也不可能染得很均匀,所以,田黄的外表和内里颜色会有浓淡之分。如果看到一块石头的颜色"表里如一",那绝不是真的田黄。

萝卜纹,大多数田黄石的表皮都会出现密如织网的细萝卜纹,而且疏密有致、条理不乱,如新出萝卜去皮。

红筋,田黄石的表面经常会有一种血红的丝纹,俗称红筋,如同"血管"一般。这种红筋是田黄石在地质迁移过程中产生的细裂纹,在溪水中浸泡后,被水中含有的氧化铁经过数千万年的渗透而形成的纹理。

白田石

白田产于田坑,凡白色的田石称白田,又名田白,为田坑中稀罕品种,有百黄不得一白之说,早在清代乾隆时期已被视为珍秘之物。当时著名文人、寿山石鉴藏家郑杰在《闽中录》中记载:"迩日,人所争重者,白田为最,稍似羊脂玉,偶有红筋如血缕。即高云客所云:皓洁则梁园之雪,温柔则飞燕之肤,入手使人心荡。次黄田,通黄如烂柿者佳。"《观石录》称这种石:"洁则梁园之雪,雁荡之云;温则飞燕之肤,玉环之体,入手使人心荡。"

【白田石的特点】

白田主要产于寿山溪上阪与中阪之间,因此石质细嫩,润滑如脂,萝卜纹绵密而明显,间有红筋如血缕。产量较少,极难觅得。白田石色并非纯白,皆略带淡黄或淡青色,灯照则肌理皆泛黄红,有别于掘性白高山。

柳坞牧春·寿山田黄石

鉴石要点 重137克,温润细腻的田黄石,外裹微透的黑色石皮。雕刻家以薄艺手法,以乌鸦皮雕巧色古柳,柳树下面,农人正在辛勤播种,一幅柳坞牧春的田园美景跃然而出。郑世斌雕刻。

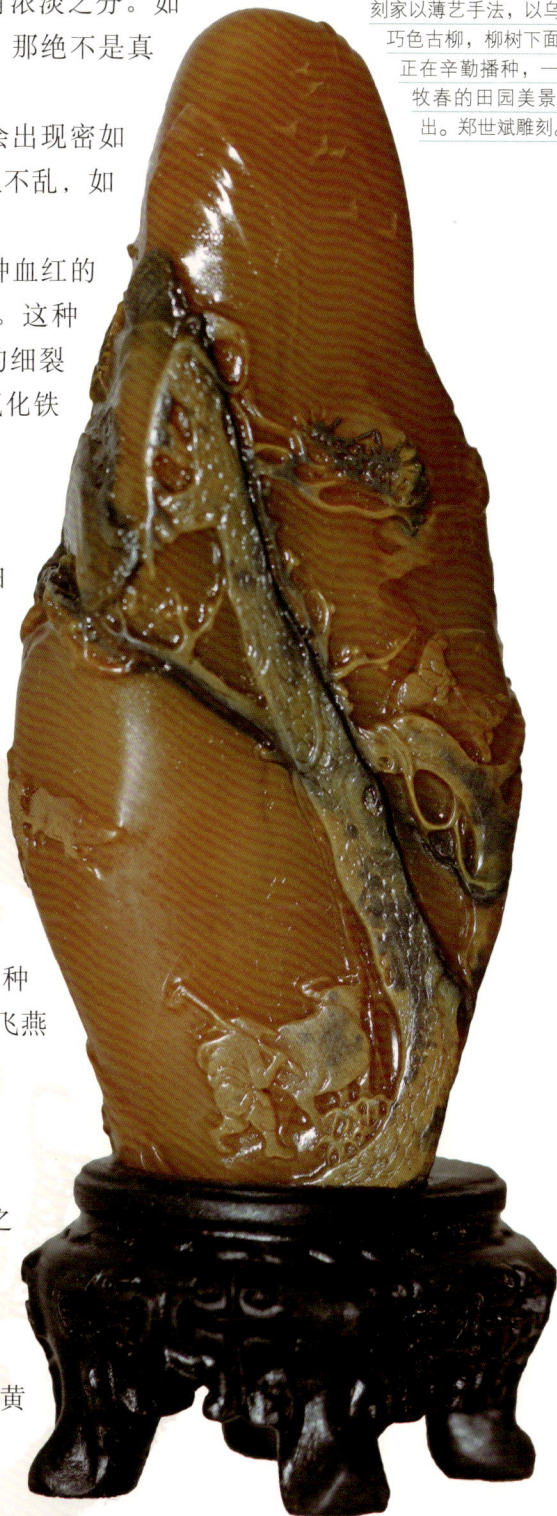

【巧辨白田不打眼】

在白田石中有质地通澈或外表全裹黄色层者，别名白田冻、金裹银田石，这种石头表里色泽无甚变化，筋络显露。

红田石

红田石又称作"橘皮红田石"，属田石中非常罕见的品种。红田石之所以被称作"橘皮红田石"，是因为其颜色红中略带橙黄，就好像是熟透的橘子皮，或像烂柿子，鲜艳通明。龚纶《寿山石谱》称："(田石)红者殆绝无仅有，数十年不一见。"

【红田冻】

红田石中，质地莹澈的称"红田冻"。红田冻纯净通灵、光彩夺目，萝卜纹纤细而清晰，堪称田坑石种的"极品"。

【煨红田石】

除了红田冻外，红田石种还有一种非常名贵的石头叫"煨红田石"。

荷趣·寿山坑口水晶冻石

尺　寸　15厘米×14厘米

鉴石要点　质地晶莹细腻，色泽白中微微泛黄，极清透通灵。顶部巧雕一朵含苞欲放的荷花，线条流畅，端庄大气。

煨红田石是一种由于外部原因使田黄变成红色的田石。其形成原因有两种：一种是埋藏田土中的田石，长期受到焚草积肥等的高温煨煅，石质逐渐发生化学反应，表面出现浓红色皮层，而里层则仍然保持原有色泽；另外一种是通过人工处理，将田黄石放在火种煅烧，从而导致石头的颜色由黄色变为红色。

总体来看，不论是哪种方式，煨红田石的颜色都不是天然所固有，虽红艳但是缺少温润，特别是那些经过人工火烧的煨红田石，多数石头的质地会变得脆硬，裂纹增多，甚至会出现部分焦黑，其价值与天然的"红田石"相差很大。

水晶冻

属于水坑石种，其石质透明莹澈如水晶，又被称之为"晶玉"。常见有白、黄、红三种颜色。水晶冻仅产于寿山村坑头占洞底或洞底的水下岩石夹层之中，矿脉厚度一般不超过30厘米。而且其储量稀少，采掘难度极大，产出极罕。

《观石录》中描述这种石头："水坑悬绠下凿，质润姿温"，"水坑上品，明泽如脂，衣缨拂之有痕。"在《后观石录》中对水晶冻称之"玉质温润，莹洁无类，如转酥割肪，膏方内凝，而腻已外达"。

肌里有棉花状细纹，名"白水晶"。黄色者，明如杏黄，间有红筋，名"黄水晶"。红色者，艳如红烛，名"红水晶"。

佛福相报·寿山坑口水晶冻石

尺　寸　8厘米×2厘米×7.5厘米
鉴石要点　质地细腻莹洁，晶莹剔透。圆雕一弥勒端坐像，神态生动祥和，喜笑颜开，线条流畅飘逸。

鱼脑冻

鱼脑冻是寿山水坑石的一种，出产于坑头洞，其石质显得特别凝腻脂润，隐含云、水团状纹或波浪纹，外表看起来就好像煮熟的鱼脑一样，不如水晶冻莹澈，颜色也不是雪白。"鱼脑冻"是水坑冻石中最名贵品种。

牛角冻

牛角冻出产于坑头洞中，外表颜色呈赭黑色，黑中透出红气，通明而有光泽，肌里有水纹，看起来就好像牛角的

纹理，所以被人们称为"牛角冻"。《寿山石考》中称其：
"暑天黛海，日不敢骄"。其意思是说牛角冻就好像夏天的
大海，连太阳的光泽在其面前都显得稍逊风骚。

天蓝冻

　　天蓝冻又叫"蔚蓝天"、"青天散彩"等。天蓝冻产
自于寿山乡南面的坑头矿脉水坑中的坑头洞和水晶洞。颜色
蔚蓝，愈淡愈佳，石质就好像夏日里雨后的晴空——透亮明
净。石头的肌理有色点及棉花纹，如天空
中的朵朵云霞。

桃花冻

　　桃花冻属于水坑石的一
种，又名"桃花红"、"桃花
水"、"浪滚桃花"等。这类
石种的特点是在白色透明的
石质中，含有鲜红色的细点，
疏密有致，浓淡相宜，看起来
就好像春季里桃树上一片一片
的花瓣。桃花冻也非常名贵，
比较少见。《后观石录》记载：
"桃花水——石有名桃花片者，浸
于定磁盘水中，则水作淡淡红色，
是其象也。或曰：如酿花天，碧落
蒙蒙，红光晻然，宜名桃花天。旧
品所称'桃花雨后，霁色茏葱'。庶几
似之。"又云："石类水色中有红白花
片，随水上下。"

玛瑙冻

　　玛瑙冻质地通灵，有红、
黄、白三色，因类似"玛瑙"
而得名。其质或纯净，或
交融成各种纹理，光彩烂
漫。以色分，有玛瑙红、
玛瑙黄、玛瑙白和巧色玛
瑙冻四种：

矿工·吊笕石

尺　寸　12.5厘米×13.5厘米×19厘米
鉴石要点　吊笕石产于高山东北面之吊笕
山，储量丰富，质地稍坚。此
件雕刻一矿工造型，刀法精
湛，雕工细腻，人物形体刻画
生动，展现了早期寿山石开采
的艰辛。林伟国雕刻。

狮钮印章·黄冻石

尺　寸 3厘米×3厘米×7厘米

鉴石要点 颜色金黄似橘，纯净无杂，晶莹冻透，滋润通灵。圆雕狮钮，狮子造型饱满，充满神采，威猛灵动。

太狮少狮钮章·玛瑙冻石

尺　寸 3.5厘米×3.5厘米×11厘米

鉴石要点 印钮雕刻太狮少狮，线条飘逸圆润、简练浑朴，造型丰满，四肢健硕，立体生动。太狮双目圆睁，回首而望，少狮攀爬嬉戏，顽皮灵动。温九新雕刻。

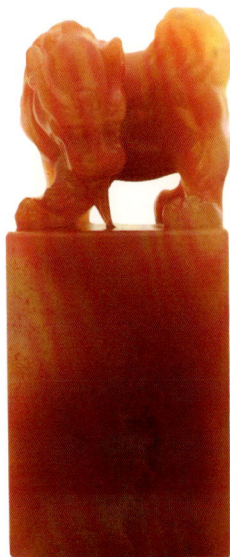

貔貅钮章·高山水冻石

尺　寸 3厘米×3厘米×7厘米

鉴石要点 质如凝脂，通灵细腻，微透明，肌理隐含棉花细纹。貔貅钮造型圆润质朴，神态生动。姚仲达雕刻。

玛瑙红，指纯红色的玛瑙冻石。赤如鸡冠者佳。

玛瑙黄，指纯黄色的玛瑙冻石。黄如蒸栗者贵。

玛瑙白，指纯白色的玛瑙冻石，多呈乳白色。

巧色玛瑙冻，指两色或多色相间的玛瑙冻石。色中浓而外渐淡，偶有灰、白色块混杂其间。

黄冻

黄冻是水坑石的一种。凡"黄水晶"中，色如初剥之枇杷，纯沾无瑕而凝腻者，称"黄冻"。黄冻质地腻如蜜蜡，故又称蜜蜂蜡，石性纯净无瑕，色如枇杷，肌理间有红筋，似田黄冻，唯无石皮。金石画家陈子奋称其"俨如宜都枇杷，令人食指欲动"。

狮钮印章·寿山高山桃花冻石

尺　寸 4厘米×4厘米×15厘米

鉴石要点 质地微透明，色多白、黄中带细密的红点，深浅大小不一，似三月桃花散落水上，凝而视之，似动非动，如花飘静水。

狮子滚绣球对章·寿山玛瑙冻石

尺　　寸　2.3厘米×2.3厘米×6厘米

鉴石要点　质地半透明如玛瑙，红黄二色
　　　　　分界明显，圆雕狮钮，造型生
　　　　　动逼真。周宝庭雕刻。

招财进宝·寿山黄冻石

尺　　寸　14厘米×15厘米×10厘米

鉴石要点　色如枇杷，纯净无瑕，圆雕童子、弥勒
　　　　　造型，线条虽然简约，但人物表情刻画
　　　　　细腻，寓意招财进宝。

荷塘月色·寿山田黄石

鉴石要点　重37.7克。荷塘月色出自朱自清作品，但
　　　　　此石动中寓静，静中含动，不禁使人神
　　　　　思遐想。

太白醉酒·寿山桃花水冻石（正背）

尺　　寸　6厘米×8厘米×4厘米

鉴石要点　整体造型一派祥和，倚傍成型，太白
醉酒的神态表现得淋漓尽致，使得整
个作品很有生机。背部也不失纹理的
雕琢，细腻凸显。臣由军雕刻。

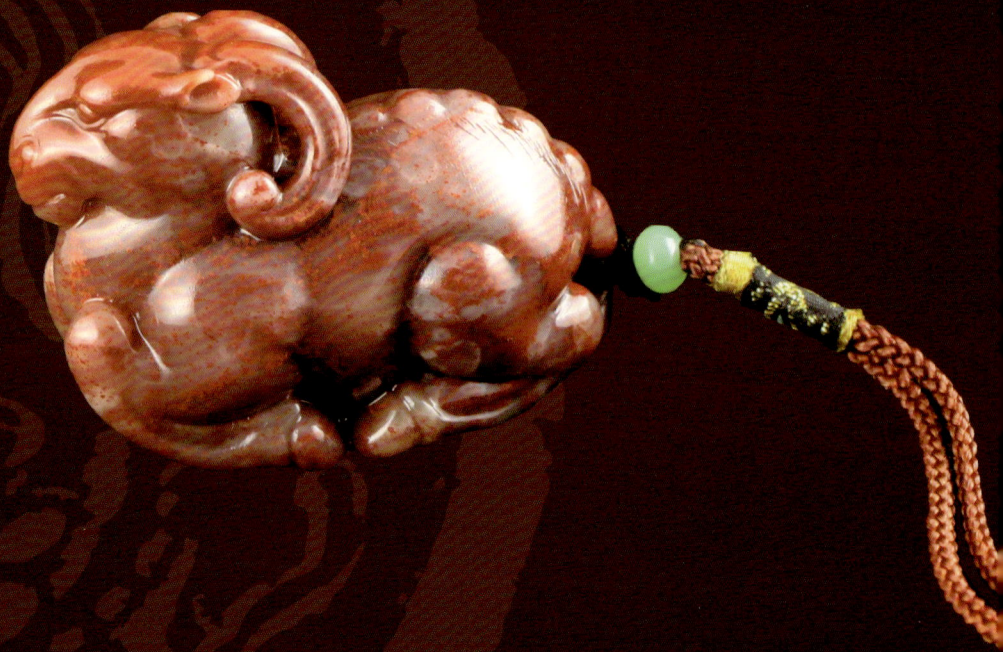

吉祥如意手把件·寿山石

尺　寸　4厘米×6厘米

第三章

投资有招，

专家也玩的升值宝贝

寿山石雕艺术辨识流派

玉不琢不成器，寿山石同样需要经过大师的雕刻才能更加凸显出其价值。在漫长的历史长河中，寿山石原料哺育着历代的雕刻艺术家，自唐、五代、宋、元、明、清至到今天，著名雕刻艺术名人层出不穷，推陈出新，高手不断涌现。可以说，在我国众多石材雕刻中，寿山石雕刻的艺术水平尤高。

流派形成

自从唐朝、五代，中国的佛教传入南方之后，在寿山地区颇有影响，寿山地区寺院林立，如芙蓉院、九峰院、林阳寺、寺坪寺、瓦坪寺等，住院僧侣数千，这些僧侣，和尚已就地取材，广集寿山石，磨砺雕琢寿山石雕佛珠、法器、小摆件等。

除了供自用外，多作为礼品，馈赠给檀越和游客。从此寿山石雕开始流向四方，传名于世。随之而来，石雕工艺师不断涌现。

发展到清代，由于皇帝对寿山石的喜爱，寿山石雕刻师的地位也大大提高，名家辈出，并开始形成自己的风格，例如清康熙年间寿山石雕的一代宗师杨璇和周彬。

杨璇，又名玉璇，是康熙年间的福建漳浦人，后客居福州，首创"审曲面势"雕刻

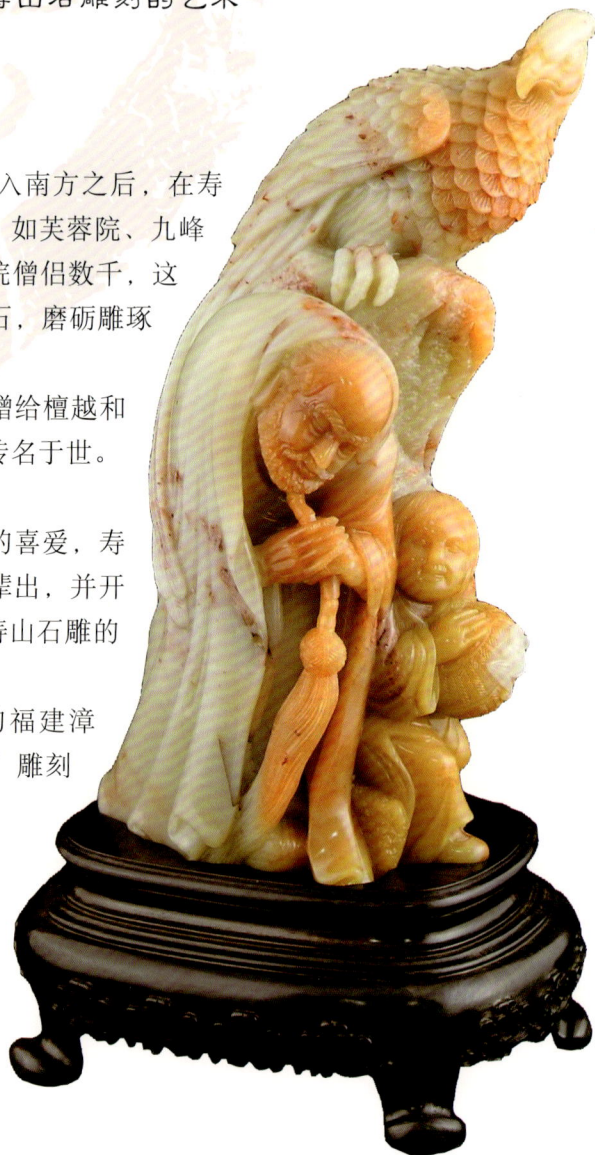

猎人·寿山旗降石

尺　　寸　12厘米×9厘米×18厘米

鉴石要点　作品主要采用圆雕技法，雕刻老翁、童子、雄鹰题材，外型浑朴，内中灵秀，自然与人工竞美，天然与情趣相应。中国工艺美术大师林发述雕刻。

法，即根据寿山石丰富的色彩，顺其自然，依色巧雕，使雕作的画面，形神兼备。

据《漳浦县志》记载："杨玉璇，善雕寿山石，凡人物、禽兽、器皿俱极精巧，当事者争延致之。"杨璇在人物和兽钮雕刻上，技法特别精到，是公认的寿山石雕的鼻祖。他的作品构思巧妙，刀法古朴，独具匠心。故宫藏有杨璇的作品多件，其中一套寿山石雕十八罗汉像，多据汉人形貌雕刻而成，虽不是传统上的"胡貌梵像"，却展示了内地佛像的神态风格，雕刻刀法流畅，眉目传神，衣纹流动，真切自然，其第一尊和最后一尊的背面都有阴文"玉璇"款。明末清初篆刻家、河南人周亮工在其著作《闽小记》中称赞杨璇"运刀如鬼工"。

与杨璇同时期的还有一位寿山石雕宗师周彬，字尚均，闽南人，尤擅钮雕，其技艺超凡，名冠当时，所制印钮被专称为"尚均钮"，多为地方官吏进贡朝廷。"尚均钮"多是兽钮，雕风精细，手法夸张，形态与众不同，印旁常有博古纹，多取青铜器纹样，并在纹中隐刻双钩篆字"尚均"。

故宫博物院藏有周彬的一件田黄石弥勒像，高5厘米，宽10厘米。弥勒身披袈裟，袒胸赤足，斜倚于布袋旁，左手抓布袋，右手按于膝，昂首嬉笑，神态十分生动，袈裟边缘细刻缠枝莲，背后镌"尚均"款。

另有一件芙蓉石罗汉，藏于中国历史博物馆，高10.1厘米。罗汉身披袈裟，面容祥和，体态敦厚，衣物上饰有团花番莲和云纹，衣领、袖口和衣缘处镶嵌米粒般大小的青金石、绿松石和珊瑚，五色缤纷，绚丽多彩。须发和纹饰染墨，坐于芙蓉石根形座上。背部刻八分书"周彬"款。

继杨璇、周彬之后，福州还有董沧门、奕天、妙巷等人继承"钮雕"传统，闻名于世。

孙悟空脸谱·寿山石
尺　　寸　35厘米×47厘米
鉴石要点　远观其石少了些厚重，多了些秀气，尽显此石之美妙。

李元霸脸谱·寿山石
尺　　寸　35厘米×47厘米
鉴石要点　李元霸是唐高祖李渊第三子，雕刻得神态霸气，且形象逼真。

东门流派

　　到了清朝末年，寿山石雕刻技艺因为发源地和所在地点的不同，师承关系以及市场对象的差异，出现了两大门派——东门派和西门派。其中，"东门派"讲求造型伟岸，善取巧色，刀法矫健，作品玲珑剔透，精巧华丽，雅俗共赏；"西门派"注重因材施艺，巧掩瑕疵，刀法圆顺，作品古朴简练，追求传神意韵。流派的竞争和发展，成为寿山文化向前发展的推动力，进而促进了寿山石雕刻事业在此后百年间的繁荣。

　　"东门派"主要发源于福州东门外的后屿村以及毗邻的樟林、寿岭、横屿各村，以林谦培为鼻祖。

　　林谦培是清代同治、光绪间福建寿山石雕艺人。字继梅，福建侯官县人。擅雕刻印钮、博古及圆雕人物，海兽尤为专长。喜以神话、仙佛作题材，颇具北魏遗风。雕刻的人物体型微胖，头大身短，衣褶流畅简练，饰以线刻锦纹，须发开丝染墨，画眉点睛，刀路清晰，卷曲纹理，有条不紊，备极传神。在继承杨璇、周彬优良传统的基础上，林谦培和弟子林元珠开创了寿山石雕"东门流派"艺术风格。

　　林元珠，堪称是东门派的副座人物，运刀婉转流畅，构思巧妙，山水、人物、花鸟雕刻无所不精。所刻印钮多用开丝法，毫发间条条清晰，不断不折，堪称一绝。林元珠有三传弟子：一传次子林友清，二传堂弟林元水，三传弟子郑仁蛟。林友清秉承家法，又时出新意。其薄意雕与西门派的薄意大师"西门清"林清卿齐名，被称为"东门清"。郑仁蛟师事林元珠后，又先后学习青石雕、木雕、木偶、泥人等民间工艺，以他艺之长融于石雕之中，使所刻人物、动物、钮饰更具特色。许多民间喜闻乐见的传说，在其刀笔之下都栩栩如生地展现于石坛上。郑仁蛟再传弟子甚众，出色者有黄信开、黄恒颂、王乃杰三人。黄信开擅刻观音，黄恒颂善雕水牛，王乃杰以刻石榴盂见长，均成为收藏家竞相求购的珍品。

　　当代"东门派"传人，造诣高深，影响深远者，应是雕刻大师周宝庭和林寿甚二人。周宝庭早年间跟随林友清学艺，后拜郑仁蛟为师。擅刻印钮、古兽、仕女，其中以古兽最佳。雕刻的古兽，不但继承了东门派流畅精巧的艺术风格，而且吸取了寿山石雕西门派古拙朴茂的手法，具有玉石瑞兽的造型特点和殷商青铜器的纹样，古兽的胸部及股处常

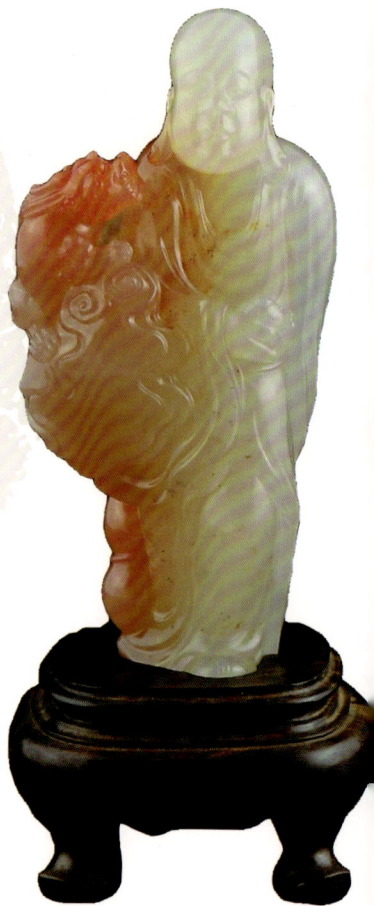

古兽罗汉·寿山水洞高山石

尺　寸　5.5厘米×3厘米×11厘米

鉴石要点　圆润柔美的曲线，此尊玉质石特有的神韵，让人达到心清智安、气定神闲的美妙境界。

旋以螺纹，既符合解剖结构原理，又增强了健力感。

1985年，他创作的《二十八宿古兽印钮》荣获第五届中国工艺美术百花奖"金杯奖"；1997年，他的遗作《犀牛沐日》，入选中国邮票。他的作品常被世人视为艺术瑰宝。人们这样评价周宝庭的古兽艺术："远看有气势，近看有内容，摩挲不刺手，细玩出韵味。"由于他的杰出贡献，国家有关部门授予周宝庭工艺美术界最高荣誉——"中国工艺美术大师"称号。

林寿甚为林元珠嫡孙、林友清第三子，既秉承家学渊源，又能推陈出新。林寿甚首创寿山石雕镶嵌工艺，其具体做法是把不同颜色的寿山石片，按照预先设计好的图画进行分解，刻成浮雕，然后再按照图稿把它镶饰在漆器的屏风、挂联、桌屏或器皿等物件上。这种技法产生的背景有两个方面，一是寿山石色彩十分丰富，人间百色应有尽有。二是福州乃全国

掩耳盗铃·寿山石

尺　寸　28厘米×14厘米

鉴石要点　人物雕刻生动活泼，构成了滑稽且逼真的意境，种种元素的细腻体现了石种的可塑性。

海底世界·寿山杜陵石

尺　　寸　66厘米×60厘米

鉴石要点　"海底世界"的题材最早是寿山石雕刻名家林亨云所作，1990年在中国第九届工艺美术百花奖评比中荣获珍品金杯奖的殊荣。受此影响，很多石雕艺人之后纷纷选择这一题材进行创作。

有名的传统工艺之乡，脱胎漆器之上，可谓珠联璧合，相形益彰。

西门流派

"西门派"发源于福州西门外凤尾乡一带，雕品以印章和小品为主，专供收藏家、鉴赏家、书画家收藏、玩赏和使用，所以作品中深蕴高尚、雅致的书香味。且有部分艺人通晓书画，兼攻金石，与社会名流多有交往，无形中提高了本派石雕的品位，成为当时上流社会应酬的最佳礼物。自清以来，福州闽浙总督衙门前的一条街——总督后街，便成了专卖"西门派"石雕及其他古董工艺品的礼品街。

"西门派"的创始人潘玉茂，是清同光年间福建侯官县人，居福州西郊凤尾乡。潘玉茂擅长印钮，在继承杨璇、周彬传统技法的基础上，和弟弟潘玉进、潘玉林、潘玉泉，共同创立了寿山石雕"西门流派"的艺术风格，被尊为西门派鼻祖。潘玉茂喜作深刀雕刻，刀法简练，以尖、圆、推、半圆推刀综合运用，线条垂直匀称，宁静端庄。擅雕印钮、博古、薄意及开丝、雕边等，均有很高的艺术造诣。

潘玉茂传其弟玉进、玉泉。玉进又传弟子陈可应、林文宝、陈可观等人。他们都得到其师的一技之长。

值得大书一笔的，是"西门派"薄意大师林清卿。薄意是寿山石雕刻独有的一种技法，将中国画的笔墨传统运用到石雕中来。林清卿，清末民初福州西郊观前人，自幼聪慧好学，对诗书画尤感兴趣。

最早拜师于雕刻大家陈可应的门下，学薄意雕刻颇有成就，但他却不因此满足，认为当时的薄意作品"不居画理，不究章法"，应从国画中吸收养分，开辟薄意新境界。之后，林清卿放下雕刀，出门拜师学画，特别是学花鸟双钩和工笔，还致力于古代画像砖的研究。

数年之后，画艺遂成，又回头来作薄意雕刻。林清卿后期的作品，融雕刻与绘画于一石，一方薄意，就是一幅立体的画，既有笔墨韵味，又有金石雅趣。他还做到得心应手，意到艺成。

由于林清卿开创了新的薄意艺术境界，使他自然百然地登上了"西门派"薄意艺术大师的宝座，被称为"西门清"。

学院派

20世纪50年代以后，福建当地开始重视寿山石雕刻人才的培养，兴建了不少寿山石雕专科院校。学院派就是指陆续从福州工艺美术学校和其他艺术院校毕业后，专门从事寿山石雕艺术的新生力量。

这一群体与过去老一辈雕刻艺人最大的区别是，他们既系统地接受过美术院校的各类工艺美术课程的教育，又接受过传统工艺美术的熏陶。当时被称为"寿山石雕艺术摇篮"的福州工艺美术学校，专门聘请像郭功森、林亨云、冯久和等一批大师当指导教师，传授了一大批新一代寿山石工艺美术人才。

这些从寿山石雕刻艺术院校走出的新人在寿山石雕工艺理论和创作上的造诣进一步推动了东、西门派的艺术交流，促进了寿山石雕艺术理论的发展以及寿山石雕工艺的创新，为提高寿山石雕的文化内涵和艺术品位做出可贵的贡献。

实际上，"学院派"也是一个比较笼统的概念，其关键并不在于是否从学院毕业，而在于"学院派"代表了一种新时期求变、创新的寿山石雕刻理念。如果一位雕刻师能在其作品中呈现出强烈的现代感，即使他从未接受过系统的美术院校教育，也可以归

济公摆件·寿山善伯石

尺　寸　9.5厘米×4.5厘米×10厘米
鉴石要点　色泽娇艳润泽，以柔顺的刀韵在开脸、手脚及衣褶展现圆融的过渡美，细节处绝不马虎，因此作品题材虽传统，但反而带有清新的学院风格，整体精致感非常强烈，为工料俱佳的美品。

卧弥勒佛·寿山牛蛋石

尺　寸　13厘米×9.5厘米×9厘米

入"学院派"。

"学院派"的最大特点是充沛的想象力和创造力，它给寿山石雕带来的变革是全方位的，从题材、表现形式的创新到材料的发现和挖掘，都具有"开疆辟土"的意义。比如，致力于薄意雕刻的艺术家林文举，自幼随其父林其俤学习薄意雕刻，以传统风格为主。

而与其同时代的林飞，作品则呈现出浓郁的学院风格，他的作品将现代美术与传统工艺相融合，具有鲜明的现代感，他用现代雕塑手法和题材为寿山石注入活力，开创了寿山石雕新的领域。

福建省工艺美术大师陈礼忠的寿山石雕则完全脱离了传统的寿山石工艺，他师从以传统题材创作为主的冯久和，摒弃唯石材论，以普通的石材进行创作，化腐朽为神奇。陈礼忠认为寿山石雕刻者宜因石取势，因彩造势。

创作者不仅要有扎实的雕刻手艺，还要有深厚的文化底蕴。"匠"与"师"的差别就在于文化沉积的厚薄、情感思想的远近。

因此，他又深入文学界，将文学与艺术相融合，赋予寿山石雕更多的文学意蕴。中国美术馆馆长范迪安曾这样评价他的作品："从陈礼忠的作品里，看到了作者在他所塑造的审美世界里像国画一样的浓郁韵味。"

童子戏佛钮章·寿山石

尺　寸　4.5厘米×4.5厘米×8厘米

鉴石要点　佛的仪态端庄，童子的可爱，采用石种的自然色，借助石质不同的呈色施雕，更具有祈福平安、消灾解难的传统寓意。

寿山石雕件鉴赏

寿山石品种繁多，色彩斑斓，不同的石种从外形、色泽至肌理，都有其独特之处。通过不同的品种雕刻出来的工艺品也有很大差别，虽然上好佳品和粗劣下品之间有天壤之别，但是，目前市面上常见的寿山石，不乏色泽相近、品质相似、肌理相似者。在这种情况下，掌握一定的鉴别知识就显得特别重要。

寿山石摆件

所谓摆件，就是摆放在公共区域、桌、柜或者橱里供人欣赏的东西，范围相当广泛。像雕塑、铁艺、铜艺、不锈钢雕、石雕、铜雕、玻璃钢、树脂、玻璃、透明树脂、树脂、玻璃制品、陶瓷、瓷、黑陶、陶、红陶、白陶、吹瓶、琉璃、水晶、黑水晶、木雕、花艺、花插、浮雕、装饰艺术、仿古、仿古做旧、艺术漆、手绘大理石、特殊油漆等都属于这类。寿山石摆件属这一类中的高级摆件。

寿山石摆件出现，大体自宋以来而盛于清朝。这主要得益于寿山石的尊贵地位，而且手工业加工技术的发展，使得人们可以对柔

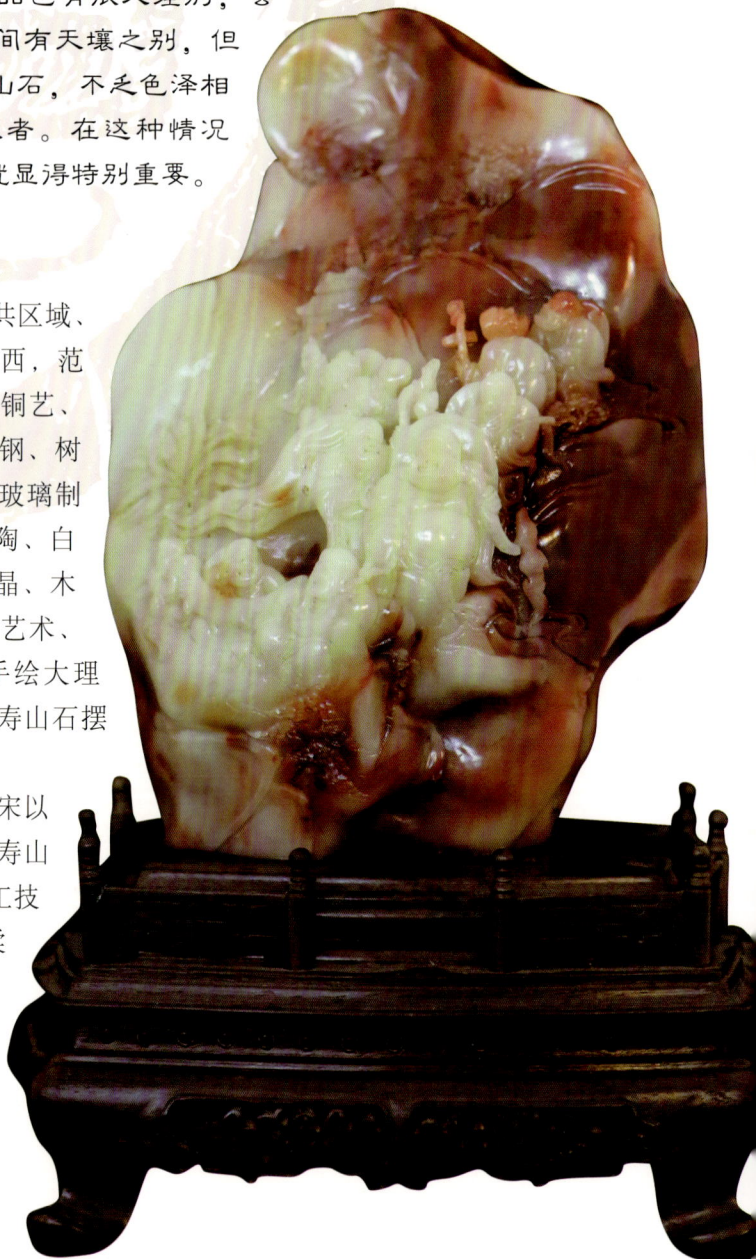

群仙聚会·寿山芙蓉石

尺　寸　26厘米×18厘米×12厘米

116

可雕刻的寿山石进行更加精细、快捷的加工。

明代的寿山石摆饰较为细小，多以文人玩物为主。自清代以来，随着皇帝对寿山石尤其是田黄的青睐，寿山石雕刻得到长足的发展，尤以人物摆件为主。

改革开放之后，寿山石雕技术迅速发展，寿山石雕摆件工艺技术日臻精美。以中国工艺美术大师冯久和的花篮、猪群，林发述的人物，林亨云的北极熊和海底世界为代表，开启现代寿山石雕摆件先河。

雕艺名家冯久和精心构思之作《苦尽甘来》可算是其中的代表作之一，作品选材煨红田石，质地细嫩凝润，微透明，肌理隐含萝卜纹，是罕有的石种。三个苦瓜雕刻精细，其表面的纹理，内在瓜籽的形状都表现得十分生动传神。整个作品内涵丰富，具有深沉的人生哲理。

进入新世纪，寿山石雕刻艺术得到进一步发展，寿山石雕摆件被作为艺术品被各大拍卖行拍卖。一般来说，因寿山石资源的稀缺和珍贵性，寿山石雕刻师们将寿山石原石按等级划分雕刻：寿山田黄原石，因其珍贵性一般只用薄意雕法以减少雕刻所带来的损失；除田黄外，那些原石饱满、完整、无隔裂、无砂丁的基本被锯为印章；原石饱满，大小适宜，有少量砂丁及隔裂的一般被处理成人物摆件；原石色彩丰富，形状完整，杂质偏多，裂纹较深的基本被处理成花鸟、海底等；原石色彩分明，材料较完整，但是厚度较薄的原石基本就被处理成高浮雕摆件；还有雕刻之后的边角料一类的片状，小圆状的原石就被处理成手把件或者是挂件一类的小东西；原石来源广泛，石质比较粗糙，比如老岭石一类的，基本被雕刻成大型的山水、人物或者传统题材的摆件。

海景摆件·寿山芙蓉桃花石

尺　寸　5.5厘米×3.5厘米×8厘米

鉴石要点　艺人以刀代笔，镌刻于温润的石质上，刀刀潇洒自如，刻画一丝不苟，带来完全不同的立体效果。

八骏图摆件·寿山石

尺　寸　10厘米×13厘米

鉴石要点　马是生财旺财的象征，有捷足先登，马到成功之说。前蹄腾空的奔马，姿态俊美挺拔，气宇轩昂。天生丽质，肤表细腻柔润，气度高雅而奔放，矫健造型如同以清风皓月为伴的隐逸之士，清高淡泊而独具君子之风。

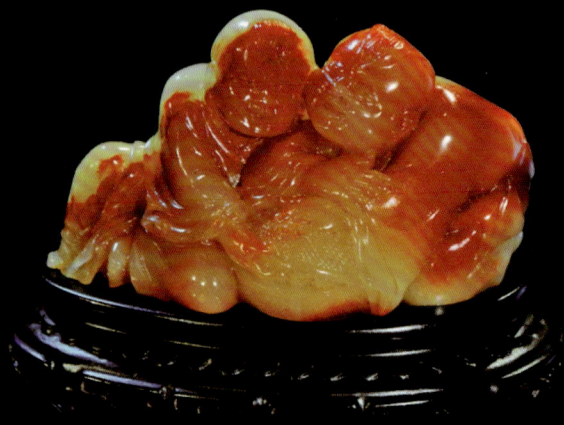

仙童摆件·寿山结晶体芙蓉石

尺　　寸　9厘米×3.5厘米×4.5厘米

鉴石要点　仙童雕刻活灵活现，俏色巧妙的摆件，创意新颖，雕琢精细，奇秀兼备，韵味十足，美不胜收。

水仙花摆件·寿山红花石

尺　　寸　20厘米×28厘米

鉴石要点　石质细腻油润，造型古朴，高贵优雅，既展现了原石表质的油润光泽，又结合美好意象，挖掘出了石质的内敛沉静，纯洁高尚的内在气质，栩栩如生。

祖孙乐摆件·寿山旗降石

尺　　寸　13.5厘米×5.5厘米×11厘米

高士摆件·寿山石

尺　寸　25厘米×10厘米×4厘米

鉴石要点　布局较为疏朗，宛若画意。浮雕层次分明，将远山近水收纳于方寸之间，并将高士、楼阁展现得层次分明，可见其对玉雕功力把控之深厚。

八面玲珑·寿山石

尺　寸　40厘米×20厘米×11厘米

鉴石要点　此件质地油润细腻，大小洞孔分布其中，洞洞相连，千回百转，在淡雅与浓墨间的完美结合中创造出清朗、空灵静谧的诗般境界。

寿山石饰品

饰品是用来装饰的物品，一般用途为装点居室，美化公共环境，装点汽车，美化个人仪表。饰品的起源，最初应为遮体，随着生活水平和人的创造力不断的发展，开始向着修饰部分转化，衍生出了以修饰为主的各种装饰。饰品就是用来装饰和佩戴的，有些饰品可以起到芳香、清洁、美化的作用，好的饰品可以让佩戴者焕然一新、心旷神怡。在街上，诸多的饰品精品店也越来越注重到饰品的市场。居家装饰、生日礼物、朋友聚会、送男女朋友等都离不开饰品。

寿山石的饰品多为制作雕件的边角料制成，如手串、挂坠、项链等。

螭龙牌子·寿山石

尺　　寸　7厘米×3厘米×5厘米

鉴石要点　螭龙牌子雕刻，借助石质的呈色，使得螭龙如同浮活而生。

象头把件·寿山芙蓉朱砂红石

尺　　寸　7厘米×3.8厘米×2厘米

腰牌·寿山结晶体蜡烛红芙蓉石

尺　　寸　6.5厘米×0.5厘米×10厘米

狮子戏球手把件·寿山芙蓉石

尺　　寸　10厘米×5厘米

鉴石要点　质地温润细密。良工精作，造型漂亮的貔貅手把件。貔貅是瑞兽的一种，具有招财、辟邪的作用，佩戴起到招财旺财的作用。

寿山石把玩件

把玩件指的是能握在手里欣赏和触摸的寿山石雕件。在文玩世界里，把玩件分量不轻，寿山石作为把玩件的历史虽然不算悠久，但近年正呈流行之势。

石雕艺人们将形制合适的寿山石加以雕琢，成为把玩件，供爱石之人日夜拿在手中把玩。

人们通过欣赏把件的形体、工艺内涵、天然色泽等产生视觉上、心灵上的愉悦，同时通过触摸把玩，感受寿山石的清凉与温润，陶冶身心，并使人体与寿山石充分摩擦，吸收微量元素，强身健体。

寿山石的主要成分是叶蜡石，其蜡质感强，非常适合作为把玩件。雕刻好的寿山石把件，会用一根精美的手工编织丝绳系在手件上，套在手腕或者手指上，把玩起来收缩自如，既美观，又很实用。

最为多见热门的寿山石手把件有貔貅、麒麟、灵芝、童子等。

龙纹腰牌·寿山结晶芙蓉石

尺　　寸 6.5厘米×1厘米×9.5厘米
鉴石要点 原石皮色浓艳美丽，在色彩最为深浓的部位，作者雕刻出了惟妙惟肖的龙纹，使得整个纹饰意境深远。古人云"君子比德于玉"，一件好的玉雕作品，不仅是玉雕大师们精雕细琢的结果，更渗透了创作者的灵感、性情与格调。

瑞兽手把件·寿山芙蓉石

尺　　寸 10厘米×5厘米
鉴石要点 精雕细琢的摆件，玉质细腻温润，雕刻精美绝伦。

寿山石印章

印章是中国的发明，起码有三千多年的传统，初用金属，以玉为章自西汉盛行。以寿山石为章源起于宋，盛于明，到了清代更是被皇家推崇至极。

〔印章种类〕

一般寿山石印章的形制，是以印面的长宽作为认定的标准，除了正方章、日章、扁章、圆章、椭圆章常规制式外，比较特殊的形制有随意章、对章、兄弟章、母子章、套章等、连体章及链章等。

随意章：石料未经裁切成型，仅将原石的一面磨平做为印面，以致印面呈现不规则形状的印章。

对章：将同一块材质的石料对切，长宽、高矮相同，但纹路走向相反而对称的二个印章。

兄弟章：裁切方式如同对章，但因另一方印脚可能因杂质或瑕疵予以切除，以致高矮不一的印章。

母子章：材质、雕工外观造型相同，但尺寸大小不同的二个印章。

套章：将同一大材的石料切成数个印章，长宽相同，但高矮不一定相同的印章。

连体章：将同一扁的石料中间挖空、搭桥，做成二个印身相连，但印面不相连的印章。

链章：将同一材质的石料雕成链条，环环相接，二个到数个相链的印章。

〔印章图案〕

寿山石印章雕刻历史悠久、举世闻名。而雕刻题材来自于人们的信仰、民间传说、动植物的谐音和暗喻等。只有了解了中国的传统文化，才能对雕刻图案有更广泛的了解，才能真正地领会到传统文化带来的精神上的愉悦。

狮钮印章·寿山石

尺　寸	4.5厘米×4.5厘米×7厘米
鉴石要点	石如玉是雕的基础，雕是石的灵魂。狮钮的大智若愚，精雕细琢古穆沉厚，兽身流畅灵动。雕工赋予了钮章生动的内涵，并使其魅力经久不衰。

【印章品评】

品评一方印章的优劣，可以说是一半观其料，一半察其工，雅石美玉固然难求，但有些印章材质虽然一般，但由于雕工精良，其收藏价值不可低估。说白了，印章艺术其实就是篆刻艺术，雕工非常重要。印章的文字通常有朱文和白文之分，一方完整意义上的印章除了印面上的文字外，治印者往往也会在印石的侧面或顶端刻些纪念性的文字，这就是人们通常所说的边款。无论是边款，还是印文，都以笔画疏密得当、布局巧妙、平衡感强者为上品。

【印章刀法】

刀法，即刻章时的用刀方法。篆刻刀法也有两种：冲刀法与切刀法。前者刻出的线条稳健挺拔，圆美流畅；后者刻出的印文线条毛茬多，显得古朴凝重。后来还出现了一种冲切兼用的刀法，兼取两者之长，而具体到每个治印方家又有自己独特的刀法。总之，看刀法主要看其字体是否美观流畅，章法是否严谨规范，边款和印文的搭配是否得当，边款刻得是否自然爽利。

【印章雕工】

寿山石印章的雕工大致有两类，一种做工精细，技艺精湛，无论是薄意还是圆雕，都惟妙惟肖，让人一眼看上去就是那么生动，有气韵，惹人喜爱；另一种相对朴素，但受传统文化的影响，虽然简约，却也不失自然大气，有一种稚拙古朴之美。看雕工，首先要看其印款。一件文房杂项的款可使其来历清楚，易于查证，如果再加上绝伦的雕工，那么它的收藏价值就低不了。如果是不带款印章，那就要看其刀法如何了。印章的雕刻除印文的雕刻外，还应包括印钮的雕刻。在古代，等级制度比较森严，表现在材质上是皇家用玉印，官宦按品级分别用金印、银印、铜印等，高低分明，不得逾制。而表现在印钮则是，皇家用龙形印钮，官宦用兽形印钮，一般文人雅士则无印钮，或用比较素雅的瓦钮、博古钮等。收藏古印章时，一定要注意看印钮，不仅要看雕刻的形象，还要看印钮的雕工。

送财童子钮章·寿山石

尺　寸　2.8厘米×2.8厘米×8厘米
鉴石要点　此作品琢工精细，手感厚实大气，送财童子憨态可掬，却在每一道线条、每一点神韵中都凸显着作者炉火纯青的雕琢工艺，古意盎然。

龙钮章·寿山石

尺　寸　2.8厘米×2.8厘米×6厘米

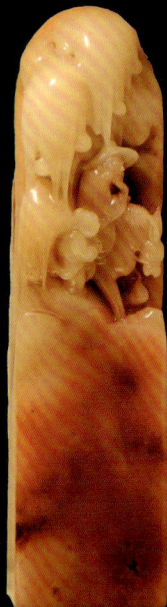

深山访友钮章·寿山石

尺　寸　2.4厘米×2.4厘米×6厘米

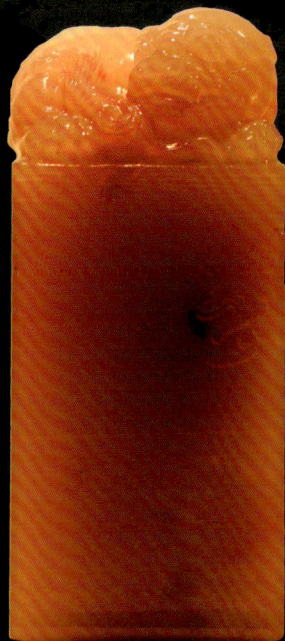

狮钮章·寿山石

尺　寸　2.4厘米×2.4厘米×7厘米

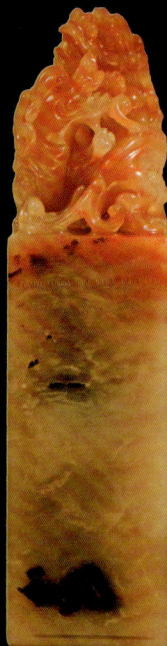

龙抬头钮章·寿山石

尺　寸　2.8厘米×2.8厘米×8厘米

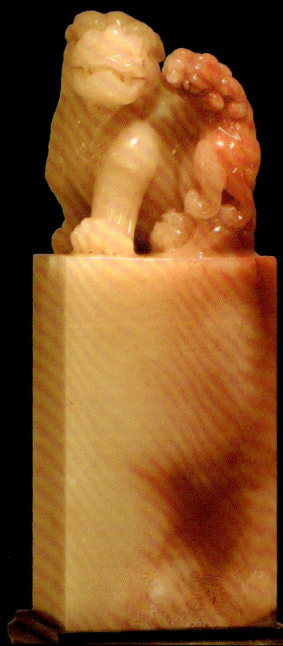

母子兽钮章·寿山石

尺　寸　2.4厘米×2.4厘米×6厘米

瑞兽钮章·寿山石

尺　寸　2.8厘米×2.8厘米×6厘米

狮子滚绣球·寿山石

尺　寸 4厘米×4厘米×7厘米

鉴石要点 石质细腻温润，工艺精湛，具
　　　　有很高的收藏与欣赏价值。

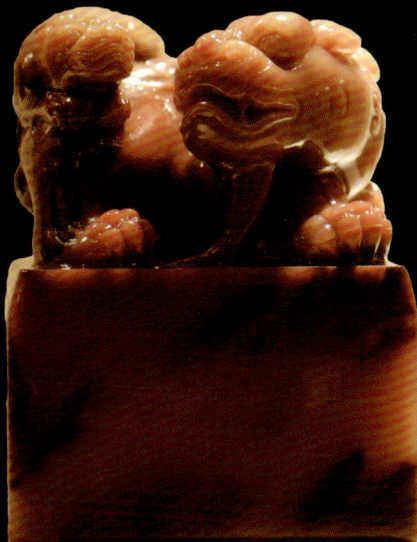

瑞兽钮章·寿山石

尺　寸 4.5厘米×4.5厘米×7厘米

鉴石要点 石质温润光泽，瑞兽雕琢精细，刀
　　　　工娴熟，收藏价值不可低估。

瑞兽钮章·寿山石（3个）

尺　寸 4.5厘米×4.5厘米×7厘米

鉴石要点 质地缜密细腻，油清内蕴，手感温润顺滑。刀法简洁流畅、线条雄浑的
　　　　雕瑞兽，古意雅致扑面而来，体现了艺术性和收藏性的完美结合。

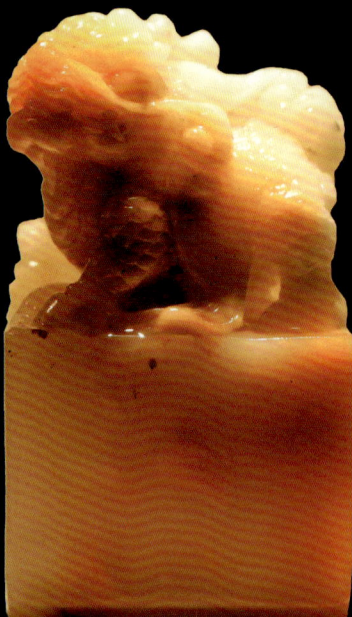

麒麟钮章·寿山石

尺　寸　5厘米×5厘米×7厘米

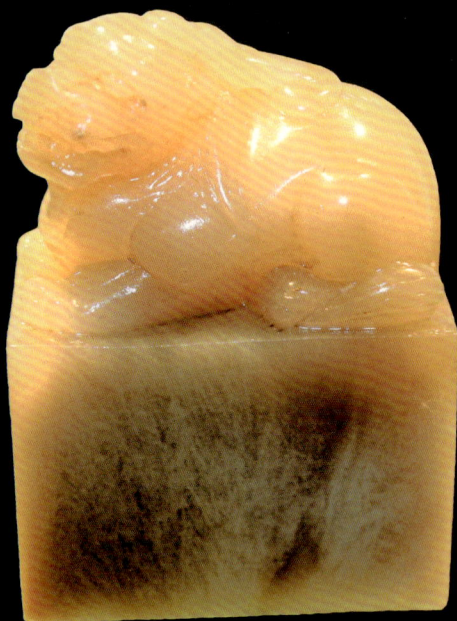

瑞兽钮章·寿山石

尺　寸　5.5厘米×5.5厘米×6.5厘米

瑞兽钮章·寿山石

尺　寸　5.5厘米×5.5厘米×8厘米

节节高钮章·寿山石

尺　寸　4厘米×4厘米×5.5厘米

佛祝寿钮章·寿山石

尺　　寸　3.8厘米×3.8厘米×8.7厘米

鉴石要点　仪态端庄，佛像立体圆雕，直鼻，小嘴，手中捧着仙桃，呈直立形。

螭纹钮章·寿山石

尺　　寸　3.8厘米×3.8厘米×7厘米

母子情钮章·寿山石

尺　　寸　4.5厘米×4.5厘米×6.9厘米

鉴石要点　质地温润，无瑕疵，以圆雕与阴刻结合琢成，母子情瑞兽曲线极为明显，各部位比例适度，工艺雕琢精细，极为精美，乃为珍品。

寿山石的雕刻工艺及题材

用寿山石制作雕件，一般需要根据开采出来的石头形状、色泽、纹理进行取材和艺术加工，通常要通过制坯、磨光、上蜡几道工序才能完成。无论是寿山石摆件、把件还是印章，最常见的是雕刻有各种各样的吉祥图案和吉祥兽的祥瑞题材以及佛教题材，这其中有很多民间流传的讲究和说法。

龙

龙是最常见的雕刻题材，是中华文化的主要图腾、主要象征，中国人自称龙的传人。龙也是封建时代中国帝王及其他东亚各国君王的象征。龙在中国传统的十二生肖中排第五，与白虎、朱雀、玄武并称为四神兽。在神话传说中，龙是神异动物，是行云布雨的天使，传说里龙能大能小，能升能隐，大则兴云吐雾，小则隐介藏形，升则飞腾于宇宙之间，隐则潜伏于波涛之内。龙的标准类型是有角（多是权型双角）、蛇身、四足。

龙在民间比喻男子，目前已成为华人心目中最尊贵的吉祥物代表，有神武、力量、卓越、掌财的寓意。印章上多有五龙、七龙、九龙等单数雕刻，按五行说，男人属阳，女人属阴，故单数为阳，双数为阴，因龙为皇帝的象征，故只选单数雕刻龙形。传说龙生九子，就是指龙生有九个儿子，九个儿子都不成龙，各有不同。这九子分别是：囚牛、睚眦、嘲风、蒲牢、狻猊、赑屃、狴犴、螭吻、饕餮、麒麟、椒图、蚣蝮。需要指出的是，中国传统文化中，以九来表示极多，有至高无上地位，九是个虚数，也是贵数，所以用来描述龙子。

二龙戏珠钮章·寿山石
尺　寸　4厘米×4厘米×7.6厘米

128

双龙戏珠钮章·寿山石
尺　寸 3.6厘米×3.6厘米×8厘米

龙珠在颌钮章·寿山石
尺　寸 4厘米×4厘米×7厘米

龙珠钮章·寿山石
尺　寸 4厘米×4厘米×6.5厘米

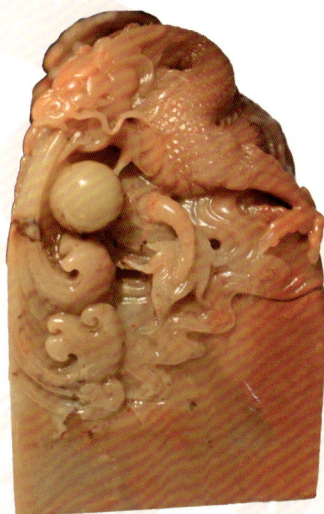

龙珠钮章·寿山石
尺　寸 4厘米×4厘米×7厘米

立龙钮章·寿山石
尺　寸 3.9厘米×3.9厘米×8厘米

麒 麟

在传统文化中，麒麟是祥瑞的象征，古来就有"盛世出麒麟"的说法，同时民间也笃信麒麟是消灾解难，驱除邪魔，镇宅避煞，催财升迁的吉兽。

麒麟中雄曰麒，雌曰麟，外形奇特，生有龙头、鹿角、马蹄、牛尾、狼额，身上披五彩鳞甲。人们视麒麟为吉祥物，传说中凡麒麟踩过的地方，都会给那里的人们带来好运，故有"麒麟吉祥"。

麒麟献寿·寿山黄汶洋石

尺　寸　4.2厘米×4.2厘米×9厘米
鉴石要点　潘惊天精心雕刻而成，石质细腻油润，麒麟造型威武，身形矫健，身姿力感十足，生动逼真，雕刻刀法细致，线条流畅。

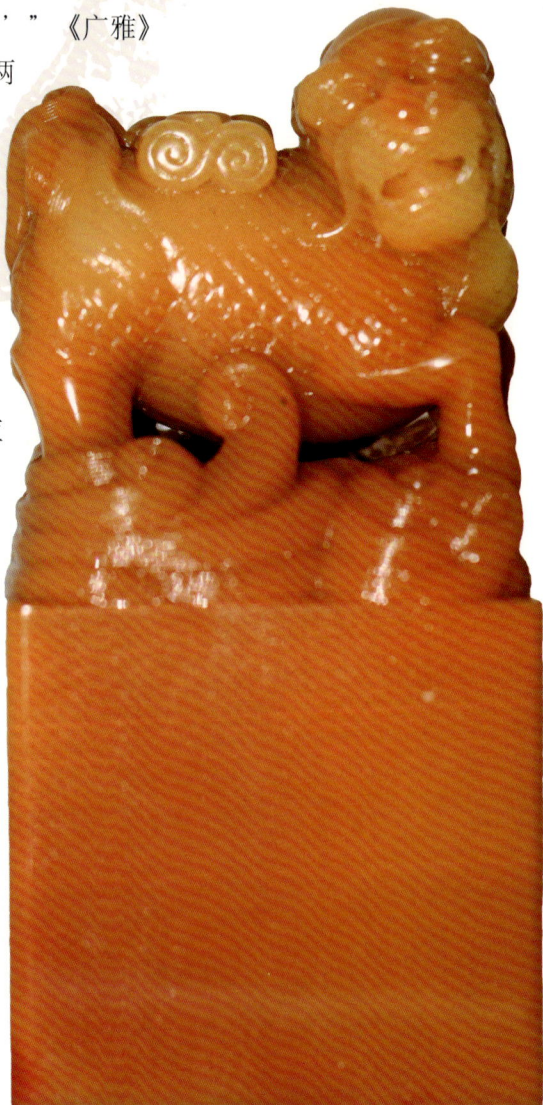

螭 龙

属于龙的一种。《汉书·司马相如传上》："于是蛟龙赤螭。"颜师古注："文颖曰：'龙子为螭。'张揖曰：'赤螭，雌龙也。'如淳曰：'螭，山神也。'"《广雅》云："有角曰虬，无角曰螭。"关于螭龙有两种说法：一说中国传说中的龙的来源之一。也称蚩尾，是一种海兽，汉武帝时有人进言，说螭龙是水精，可以防火，建议置于房顶上以避火灾；二说是龙九子中的二子，古书中云："其二曰螭吻，性好望，今屋上兽头是也。"（形体似兽）根据以上的说法，螭龙的原形应该是我们生活中的壁虎。前人分龙为四种：有鳞者称蛟龙，有翼者称为应龙，有角的叫虬龙，无角的叫螭。其中"无角的"便是螭龙。

龟

中国人一直相信，龟背上隐藏着天地的秘密，因此它也成为一种神秘而蕴藏着丰富的文化内涵的动物。同时，更因为龟寿命极长，也成了长寿的象征，人们多用"龟龄"喻人之长寿或与"鹤龄"结合称"龟龄鹤寿"或"龟鹤齐龄"。

自古以来人们相信其能带来祥瑞之气，龟已成为先行先知的灵物，摆放玉龟可以化阴补阳，调节室内阴阳平衡和天然磁场，能补运气旺财位，用玉龟镇宅可平平安安，吉祥富贵。

貔貅

北方称避邪，是古代瑞兽，有独角、双角之形，独角者称为天鹿，两角者称为辟邪，辟邪便是貔貅了。其形短翼、卷尾、鬃须。人们视貔貅为吉祥，貔貅的口越大，就说挣的越多钱，肚子越圆，就装的越多钱，貔貅倍受喜爱，是因为貔貅有一个极为罕见的特点：有嘴巴，但是没有排泄器官，也就是只有进而没有出。于是希望能像貔貅一样"只有进而没有出"，人们才会不惜万金以求招徕无尽财气。

一般做偏行的人都认为"貔貅"会旺偏财的，所以他们都会在公司或营业的地方摆放一只貔貅，属偏行的行业有外汇、股票、金融、赛马、期货等。但对作奸犯科者不灵，因为其为灵兽。

金蟾

三腿条的蛤蟆被称为"蟾"，传说它能口吐金钱，是旺财之物。传说八仙之一吕洞宾的弟子刘海功力高深，喜欢周游四海，降魔伏妖，布施造福人世。一日，他降服了长年危害百姓的金蟾妖精，在过程中金蟾受伤断其一脚，所以日后只余三脚。自此金蟾臣服于刘海门下，为求将功赎罪，金蟾使出绝活咬进金银财宝，助刘海造福世人，帮助穷人，发散钱财。人们奇之，称其为招财蟾。

金蟾的造型很多，一般为坐蹲于金元之上的三足蟾蜍，背负钱串，丰体肥硕，满身富贵自足，有"吐宝发财，财源广进"的美好寓意，所以民间有俗语"得金蟾者必大富"也。金蟾常用作摆件，放置在家中或商铺之中，寓意财运亨通，大富大贵。

仿汉螭龙印章·寿山鹿目田石

尺　　寸　10厘米×10厘米×20厘米

鉴石要点　郑明雕刻。此形制雕刻浑厚，纹饰独特繁缛，边廓坚挺，内廓显纹理。

貔貅钮章·寿山石
尺　寸　4厘米×4厘米×6.9厘米

貔貅钮章·寿山高山石
尺　寸　4厘米×4厘米×7厘米

金蟾·寿山松柏岭石
尺　寸　13厘米×5.5厘米×15厘米
鉴石要点　质地温润细腻，手感舒适凝聚。

貔貅钮章·寿山芙蓉石

尺　　寸 5厘米×5厘米×7.6厘米

鉴石要点 作品雕有貔貅，以弧面表现石质温
　　　　润之感，典雅大方，背面满黄皮，
　　　　体现原石之美，透着一股威严与力
　　　　量，线条刻画自然流畅，简单却不
　　　　失精致。

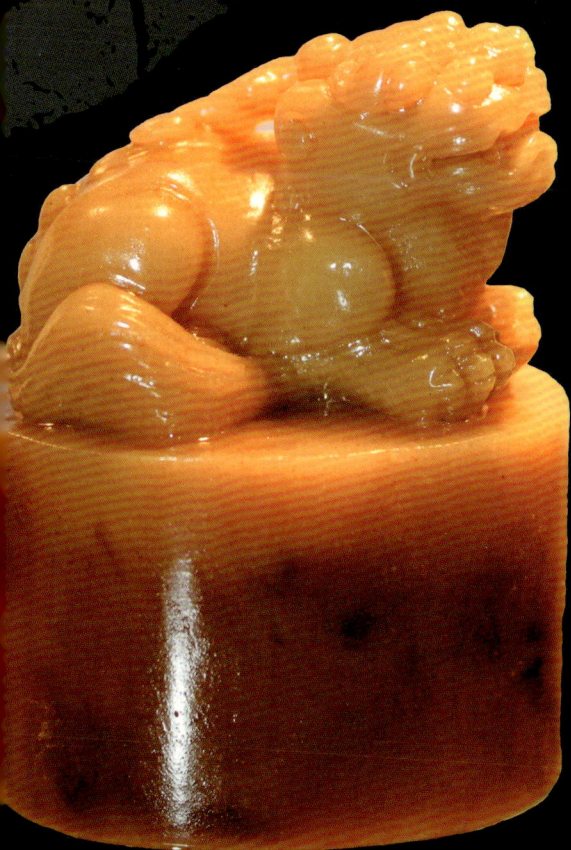

貔貅椭圆钮章·寿山石

尺　　寸 4.8厘米×7厘米

鉴石要点 精致钮章，手工雕刻、打磨、精
　　　　雕细琢而成。质地细腻润滑、饱
　　　　满、色泽靓丽、富有生气。

花鸟

　　花鸟也是寿山石雕常见的一类题材，主要围绕着"福、禄、寿、喜、和合、吉祥如意"等内容而展开。

　　许多寿山石雕在选择题材表现寓意时，经常选用如下一些事物。珍禽类，经常选用凤凰（百鸟之王，象征大富大贵、大吉大利,凤凰相偕喻爱情)，白鹤（有清高、纯洁、长寿之喻），白头翁，喜鹊，鸳鸯，雄鹰；名花类，经常选用牡丹（百花之王，象征富贵繁荣）、芙蓉（象征雍容华贵）、莲花，梅花，菊花；在芳草类中，经常选用兰草（有香祖之喻、兰孙贵子），灵芝（象征延年益寿）；竹木类中，松（象征长寿、气节），竹（竹与祝同音，寓意百岁志喜、百寿安康）、天竹（喻天祝，寓意天祝平安、天祝升平）；在瑞果类中，常用桃子（常称寿桃,象征寿）、石榴（象征福，有榴开百子之说）；在异兽类中，常选用龙（王、权威、吉祥的象征）、狮（狮与诗同音，象征权势和诗书传家）、鹿（鹿禄同音）；在鱼藻类中，喜用鲤鱼（鲤与礼同音，鱼与裕谐音，寓意腾达、富裕）、鳜鱼（鳜与贵同音），另外，这种祥瑞题材在约定俗成中，形成了一整套特有的具有象征意义的纹样体系。如莲生贵子（婴儿抱莲花）、福寿双全（蝙蝠寿字）、竹报平安（小儿放爆竹）、吉祥如意（小儿骑白象执如意）、喜上眉梢（梅花喜鹊）、福在眼前（蝙蝠、喜鹊）、六合同春（鹿鹤、梅花）、连年有余（莲花、鱼）、五子登科（五小儿）、天官赐福（天宫、蝙蝠）、五福捧寿（五蝙蝠围寿字）、多福多寿（一群蝙

龙腾盛世・寿山芙蓉石
尺　寸　17厘米×15厘米×4厘米

蝠、堆桃）、福、寿（老人骑鹿持桃）、麻姑献寿（麻姑担桃篮）、鱼跳龙门、丹凤朝阳（凤凰、太阳）、龙凤呈祥（龙、凤）。

笑口常开·寿山石

尺　寸　18厘米×14厘米×8厘米

弥勒佛摆件·寿山石

尺　寸　7.5厘米×4厘米×9厘米

鉴石要点　佛祖笑容可掬，开怀大笑，大度能容天下，把福气、运气、财气、喜气散给人间。

佛像

中华传统文化深受释、道、儒的影响，寿山石文化亦然。

以佛教而言，晋、隋时佛教传入福州，至唐、宋已十分兴盛，古代福州寺、塔很多，有"城里三山千簇寺，夜里七塔万枝灯"之说，宋宁宗时，福州雪峰崇圣禅寺已列为江南五山十刹之一，名闻海内外，全国著名佛寺还有鼓山涌泉寺、怡山西禅寺、芝山开元寺等等。在福州寿山的诸峰中，有寿山广兴寺、鞭蓉峰延庆寺、九峰山镇国寺、下寮翠微院、石牌林洋寺等。

佛教自传入福建后，与寿山石结下了不解之缘。在唐朝，寿山石就是被当地寺僧开发并用作雕刻佛像、念珠而流传四方的，可以说，僧侣是传播寿山石文化的先行者。寿山各寺佛教徒在念经拜佛、创造寺庙文化的过程中，也参加了开采寿山石，用其雕制佛珠、佛像、佛具等或以石刻为礼品酬谢施主，随着香客游人而流向四方。因此佛教僧侣与当地石农一道，是早期寿山文化的拓荒者。直至如今，佛教的踪迹在寿山石文化中还处处可见。

　　从寿山石矿洞及石种名称中，可以发现不少佛教影响的踪迹，如"和尚洞"、"尼姑寮"、"无头佛坑"、"寺坪石"、"迷翠婆"等，都与佛僧有关。

　　佛教故事更是艺人们百刻不厌的题材。在发掘和生产的石刻作品中，也有大量的如达摩、弥勒、观音、罗汉等佛教题材。观赏寿山石雕刻的佛像，那神态可亲、完全世俗化的形象，可以反映出中国佛教自六祖之后，南方禅宗的开放思想。

八仙过海各显神通·寿山芙蓉石

尺　寸　26厘米×28厘米×13厘米

鉴石要点　一块完整芙蓉石雕刻八仙，惟妙惟肖，生动传神，设计创意新奇独特，寓意深远，人物刻画以写实的表现手法，线条雕刻流畅自然，人物面部神情并茂，将八仙形象展现于大众面前，并雕有石浪，使得作品静中有动，意味浓厚。

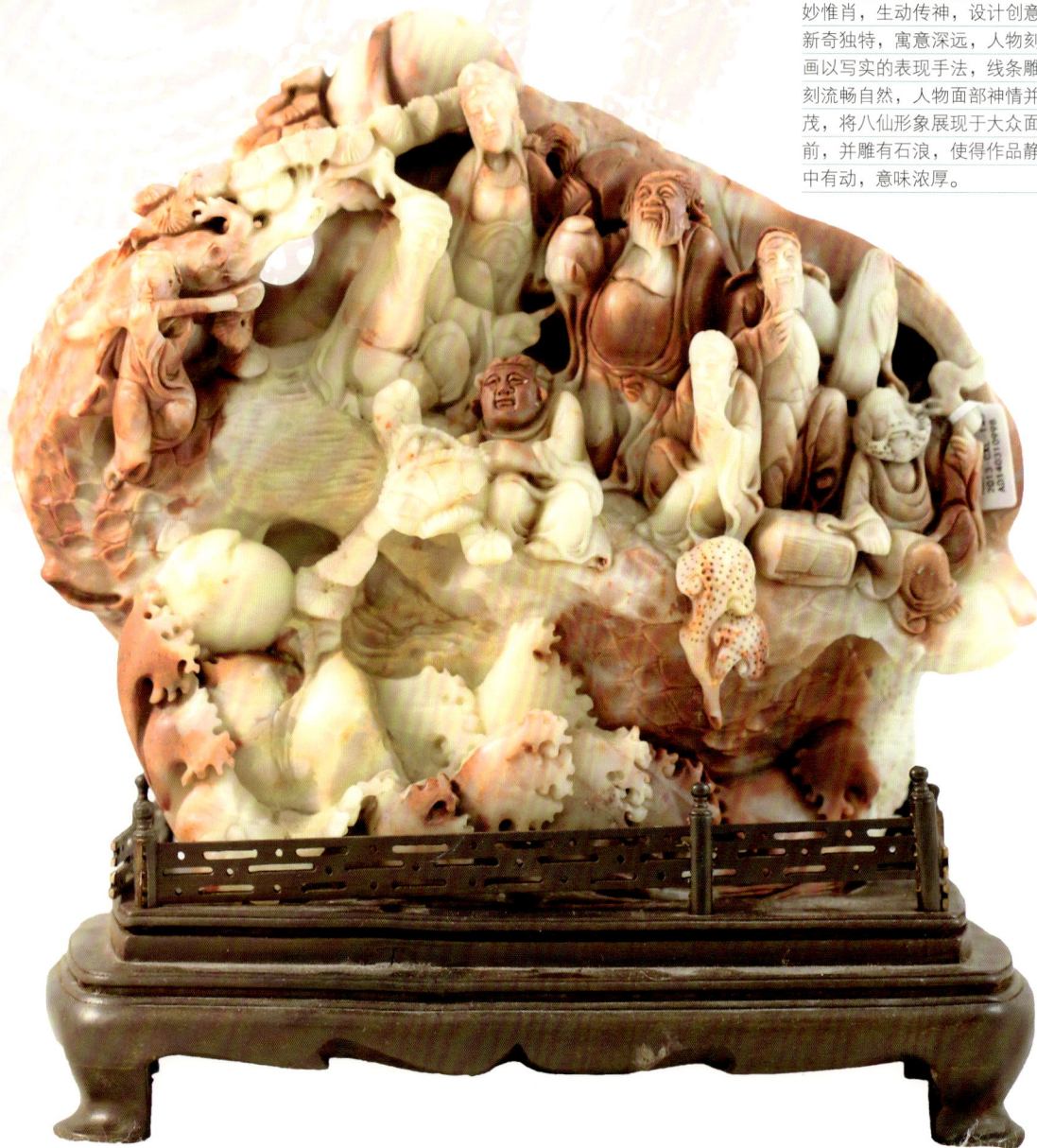

弥勒佛·寿山芙蓉石

尺　　寸 9.5厘米×6.5厘米×5.5厘米

鉴石要点 福建省工艺美术大师林志峰
雕刻，石质细腻油润，设计
巧妙，布局合理，采用圆雕
技法，精心雕琢出传统吉祥
题材。

和合二仙·寿山高山荔枝冻石

尺　　寸 14厘米×15厘米

鉴石要点 不规则的作品轮廓与和合二仙
闲逸的个性形态互相呼应，世
外图景的一派天真纯粹之感被
烘托出来，线条的工整流畅，
雕刻技艺的精致细腻成为审美
重点。

自在观音·寿山艾叶绿石

尺　　寸　12厘米×5厘米×11厘米

鉴石要点　此件观音雕件细腻，雕刻出普度众生的观音的慈悲形象，
　　　　　石质温润，坚实紧密，线条流畅。林伟国雕刻。

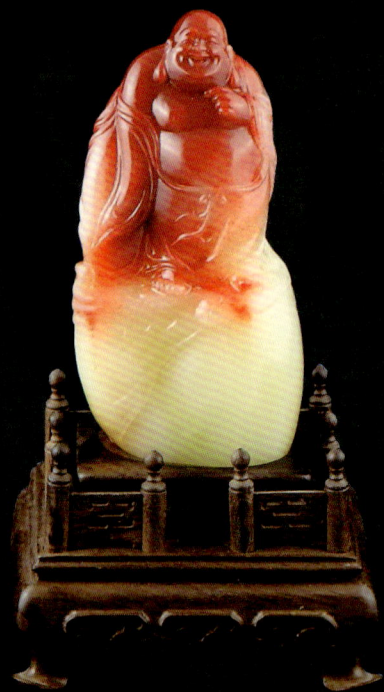

弥勒佛·寿山芙蓉桃花石

尺　　寸　5厘米×3.5厘米×9厘米

鉴石要点　传统的中国文化中，喜笑颜开的
　　　　　弥勒佛深受喜爱，人们借助弥勒
　　　　　佛的形象表达知足常乐的思想，
　　　　　劝人乐观豁达，这款弥勒佛料润
　　　　　细腻，色泽明亮，油性好。

仙童戏弥勒·寿山石

尺　　寸　9厘米×10厘米×8.5厘米

鉴石要点　整体圆润富有手感，无瑕疵，在
　　　　　此基础上雕刻出的弥勒佛形象线
　　　　　条流畅自然圆润，大腹便便的形
　　　　　象饱满，神态生动传神，给人美
　　　　　好的希冀。

罗汉摆件·寿山结晶体芙蓉石

尺　　寸 4厘米×3.5厘米×12.5厘米

鉴石要点 该摆件石质结构紧密，色调柔和，光泽温润，整体造型端庄大方。中国工艺美术大师林发述雕刻。

送子观音摆件·寿山石

尺　　寸 5厘米×12厘米

鉴石要点 质地缜密，油润度佳，工艺精湛细腻，生动醒目，立体感强，形态古朴，融多种雕琢手法，刀刀传神，尽显祥和。

对罗汉摆件·寿山杜陵石

尺　　寸　14厘米×8厘米×14厘米

鉴石要点　该件作品用一块完整的石料巧雕而成，借用石质的呈色加以雕琢，外形饱满舒适，细腻油润，布局合理协调。

弥勒佛·寿山峨眉石

尺　　寸　13厘米×16厘米

鉴石要点　造型法度严谨，雕工精细，一丝不苟，弥勒佛神态活灵活现，动感十足。

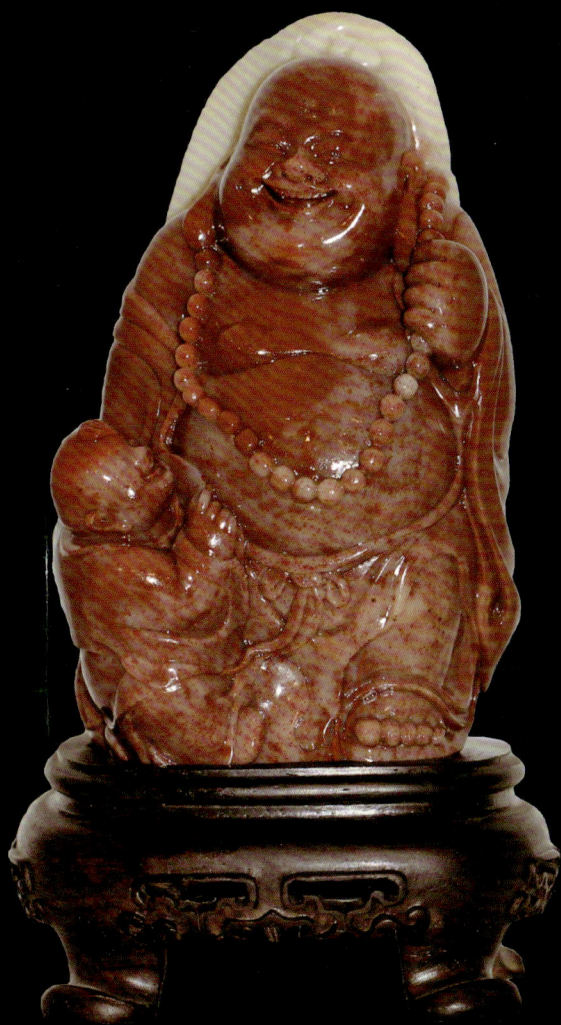

弥勒佛·寿山高山朱砂石

尺　　寸　13厘米×18厘米

鉴石要点　石质细腻润泽、纯净，工艺精湛，光泽度好。无裂，无僵，无任何瑕疵，堪称完美。

寿山石雕刻工序

就观赏角度而言，一款品质上乘的寿山石雕件，不仅仅美在石材的特质上，更在于雕刻者凝结于雕件之上的巧夺天工的雕刻工艺，正是因为能工巧匠的雕刻技艺才赋予了寿山石鲜活的生命，让一件件作品在方寸之间把深邃典雅的中华文明挥洒得淋漓尽致。将一块寿山石变成一件精美的雕刻品，需要进行一系列的加工与雕刻，有一套相对固定和比较完善的工艺流程。主要可分为相石、雕刻和磨光三大工序。

相石

"千里马常有，伯乐不常有"，相石和伯乐相马一样，是寿山石雕刻师在创作之前对寿山石原石进行的一种先行认识和艺术构思的过程。其步骤有选石、画石、躲石等几个环节。

选石

选石是相石的第一个步骤，就是如何选取一块适合雕刻的石头。俗话说："一相能抵九日功"，石头的造型和纹路千差万别，有经验的雕刻艺人会选择适合发挥自己艺术特长和便于雕刻的石头；还会在众多的原石中从经济利益考量选取市场价格较高的石头。但不论是出于哪种，这些被选取的寿山石，都应该具备一定的形状、色泽、纹路，质地优良并少有裂纹和砂隔，以利于雕刻和加工。石头多分椭圆形、长形、扁平形、圆形、锥形等。椭圆形、长形石材可直竖亦可横放，各种技法均可施行，一般雕刻者喜欢选用。扁平形石料宜选用薄意、浮雕、透雕等技法。

圆形石料宜于花果篮、器皿或盆等类立体雕刻。锥形石头多用于把玩类雕件的制作。对石形的选择运用无固定模式，它与创作者的艺术素质及技艺有关。

松鹤延年钮章·寿山石

尺　寸　3厘米×3厘米×6厘米

鉴石要点　高浮雕一仙鹤于树旁，一口衔仙草回首而望。以浅刻、深雕刻树干、松皮及树瘿。松称"百木之长"，长青不朽，据说寿过千年的松树，所流松脂会变为茯苓，服者可得长生。鹤则称"百羽之宗"，据说乃凡人登仙后所化。服松脂可登仙，登仙后可化鹤，遂有"千岁之鹤依千年之松"的说法。

142

【画石】

有些艺人在相石过程中，还会运用画石、躲石等艺术构思辅助方法。画石就是用毛笔或其他彩笔在所选用石头上勾勒景物位置，或是在其他纸上勾勒景物，帮助雕刻者揣摩并确定雕刻方案。有时，艺人还会用打泥稿、制泥塑等模拟方式来启发自己的设计构思。

【躲石】

躲石是圆雕作品相石的一种特殊手法。在长期的艺术实践中，艺人们为了突破原石的形状和色泽的限制，不拘泥于形象的结构比例是否准确，借用民间传统雕塑夸张变形的艺术手法，来设计构思人物、动物的形态，增加作品的趣味性，同时又"顺理成章"地躲过石料材质上的砂钉、裂格、水痕及色彩不适等不足，收到出人意料的艺术效果。

灵猴献寿·寿山荔枝石
尺　寸　2.5厘米×2.5厘米×7.5厘米

雕刻

在相石环节结束后，就要进入真刀真枪的雕刻环节。经"相石"后运用卡凿等工具，敲除石料多余部分，确定作品景物布局的基本形态。又可分为打粗坯和打细坯两w个步骤：打粗坯又称"打大坯"。先切锯石料的外形，此谓"整形"，然后用双面卡凿由浅及深一层层地向里切剥，直至凿削出景物大致形态和各部分位置。打细坯是在完成粗坯雕刻的基础上，继续用单面凿雕凿作品各部分结构，使之细化。雕刻还有其他辅助工具，如锉刀、卡锤、手钻、天平钻、针钻和砂轮等。

【凿坯】

使用各种手凿、锤刀、钻具等进行细致的雕刻，让作品的景物层次更加分明，结构更加清楚。凿坯时，先粗后细，由表及里。对复杂精细的纵深部分和镂空，先用钻具打出若干圆洞，然后再用卡凿、手凿等刀具整理收拾，使作品景物，诸如人体结构、衣饰、动物的鬃毛、肌肉、山体的皴法、树木、花卉的枝叶、瓣蕊等更加清晰。

常见的寿山石雕刀具主要有卡凿、手凿和雕刀三种。工欲善其事必先利其器，很多有经验的寿山石雕刻艺人都十分讲究刀具质量，有的还根据创作需要制造各种刀具。

瑞兽钮章·寿山石
尺　寸　3厘米×3厘米×6厘米
鉴石要点　质感细润，玉质细腻，色泽均匀，雕刻栩栩如生，两眼圆睁，葱鼻扬起，阔嘴龇牙，此件雕刻精细，惟妙惟肖，线条圆转流动。

【卡凿】

是上呈方形，刀口扁平，长约20厘米的刀具，用于打坯。根据刀口斜面的不同，分"单面凿"和"双面凿"两式。前者用于雕刻细坯，后者用于雕刻粗坯。

【手凿】

主要用于凿坯，长度约17厘米，上部套以圆形木制把手。以刀口形状分为"平凿"和"圆凿"两式，形同"卡凿"，亦有单面、双面之分；"圆凿"刀口呈弧形，有大圆、小圆之别。

【雕刀】

又称"修光刀"，多呈扁长条形，两头皆为刀口，长约20厘米，刀形依雕刻需要而定。主要有平

狮钮方章·寿山五彩善伯冻石（正背）

尺　　寸　4厘米×3.6厘米×10.5厘米

鉴石要点　在瑞兽的造型设计上不落窠臼，细节上，线条圆融而遒劲，刻画精微准确。一点俏色附着在瑞兽面部，赋予它亦诙谐亦神秘的气息，令人回味。

印章三件套·寿山金玉冻

尺　　寸　5厘米×5厘米×7厘米（均）

龙生九子·寿山田黄石（之一）
尺　　寸 5厘米×5厘米×4厘米
鉴赏要点 黄家宪雕刻。

刀、圆刀、尖刀和半尖刀等。此外，还有适应各种技法要求的种种雕刀和工具，如铲刀、勾刀和三角刀等。

磨光

寿山石雕工艺品在雕刻之后，还要经过磨光工序。作品经精心磨光后光润莹澈，焕发出令人愉悦的光彩。磨光常用的材料有砂布、木贼草、冬稻茎、小砂纸、竹签、桐油瓦灰砖、上光粉、白茶油或花生油、芝麻油等。磨光分三道程序：

【粗磨】

就是用砂布磨擦雕刻品，待明显的刀痕消失后，再用湿木贼草，顺着修光刀的行迹横磨，直到刀痕为细密的木贼草痕迹所代替。

粗磨时最忌"糊"。"糊"是指作品景物的层次感遭到破坏。运刀中所造成的真实感被破坏后，景物立体感削弱，其艺术效果将受到损害。

【细磨】

又称水磨。遇到较大面积的景物，可用水砂纸沾水研磨。若遇砂钉，可用新水砂纸沾水擦磨，将砂钉磨平。经过两道磨光后，要达到"既光又清"的程度，以增强作品的亮丽风采。

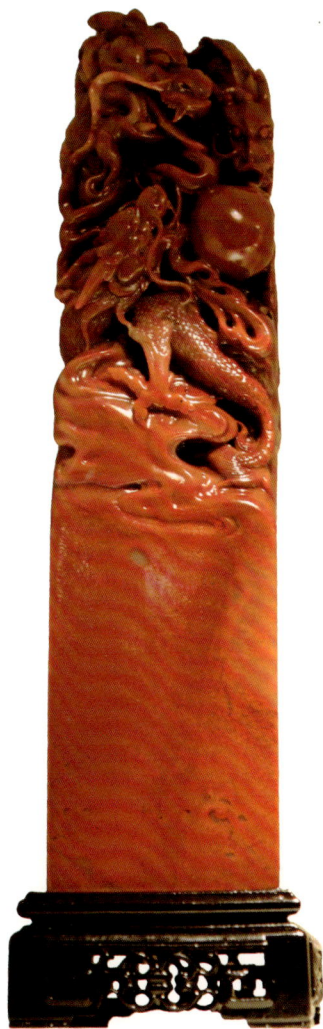

二龙戏珠方章·寿山朱砂石
尺　　寸 3.8厘米×3.8厘米×7厘米

【揩光】

细过细磨后的石雕制品，应用清水漂洗，洗去石粉杂质后晾干。然后用桐油瓦灰砖汲水揩磨，待石头滑润明澈后，再取另外一块桐油瓦灰砖沾白茶油和羊肝石粉，反复细揩石雕制品，直至面光似镜。

【磨光】

既要凸显作品光亮度，又要表现景物的质感，弥补石质、石色、雕刻功力的不足，故有的雕刻者往往聘请有专门经验的磨光师来磨光。雕刻者为增强景物的艺术形象感，常对磨光过的作品再行加工，用开丝刀对人物须发、鸟兽羽毛、花卉蕊蕾等进行修饰。然后配上特制的木、石、角等底座来烘托，增强作品的气势。

钟馗·寿山石

尺　寸　18厘米×27厘米×8厘米
鉴石要点　林贞瑞雕刻。

激流勇进摆件·寿山结晶体芙蓉石
尺　寸 15厘米×6.5厘米×17厘米

仙姑摆件·寿山蜡烛红芙蓉石
尺　寸 8.5厘米×4厘米×8厘米

双兽高印章·寿山芙蓉石
尺　寸 5.5厘米×3.5厘米×13.5厘米
鉴石要点 黄建林雕刻。玉质圆滑细腻，晶莹无瑕，选取的姿态使得瑞兽看上去威猛又生动异常，以蓄势待发的静态去启发观者对于它即将腾跃而起的动态的联想，可谓手法高妙。

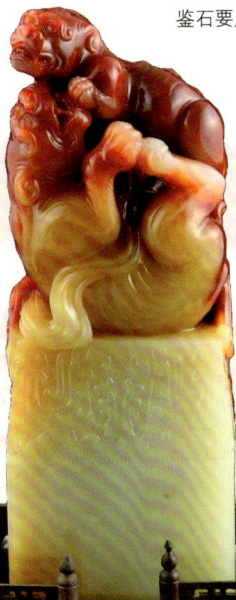

寿山石雕的基本技法

寿山石雕刻技法种类繁多，大体可分为圆雕、浮雕、钮雕、薄意、镶嵌、微雕、线刻、镂雕、链雕、透雕。其中主要的技法是圆雕和浮雕，其他技法都是从这两种技法上衍生而来。

圆雕

圆雕又称立体雕，是寿山石雕最古老、最基础的一种雕刻技法，同时也是"东门派"的主要入门技法。一件作品用圆雕雕刻完成后，观赏者可以从各个角度欣赏其不同的侧面，非常富有立体感。这种雕刻技法要求雕刻者从石材的上、中、下以及前、后、左、右全方位进行雕刻。由于圆雕作品极富立体感，讲究逼真、生动、传神，所以圆雕首先对石材的要求比较高，从石材的长宽到厚薄都必须具备与实物相适当的比例，然后雕师们才按比例"打坯"。"打坯"是圆雕中的第一道程序，也是一个重要环节，特别是大型的圆雕作品，还需要先在泥土上"打坯"，修订完"泥稿"后，再正式在石材上"打坯"。

海的女儿·寿山善伯石

尺　寸　15厘米×12厘米

鉴石要点　林飞雕刻。作品整体造型厚重大方，色泽纯美，线条圆润，精湛的雕工将石质本身的美感烘托得愈发强烈。

童子拜观音·寿山高山水冻石

尺　寸　10厘米×10厘米

鉴石要点　此款石雕采用了一整块石料雕刻，整件作品石质白润细腻，雕工精美，构思巧妙，所雕童子拜观音面部表情自然，整体线条流畅。

南海观音·寿山荔枝冻石

尺　寸　10厘米×16厘米

鉴石要点　作品石质俏色润白，细腻雕刻观世音坐于莲花宝座之上，观音目光慈祥，法相端庄。衣褶线条流畅自然。观音身后背光如轮，烘托了观世音普度众生之宏愿。

　　"打坯"的目的是确保雕品的各个部件能符合严格的比例要求，然后再动刀雕刻出生动传神的作品。圆雕一般从前方位"开雕"，同时要求特别注意作品的各个角度和方位的统一、和谐与融合，只有这样，圆雕作品才经得起观赏者全方位的"透视"。

浮 雕

　　浮雕是在石面凸起物像的雕刻技法，它与圆雕最大的差异是从前面的方位或兼顾到左右方面表现物像的"半立体感"。寿山石的浮雕始于明、清时期的寿山石砚四周和印章的方柱四面，虽然因为材料的缘故，在体积上和中国历代的浮雕作品相比有悬殊很大，但是中国传统的浮雕艺术对寿山石浮雕的影响是巨大而深远的。

要凸起物像，自然要铲去非物像的部分，如果铲去非物像部分的深度浅，那凸起的物像就也浅，这样的雕件就称为浅浮雕，反之则称为高浮雕。

浮雕一般有选石审石、墨绘勒线、铲地分层、雕刻磨光四大步骤。审石设计定稿后，要进行墨绘勒线；浮雕铲地是分出所要表现景物的层次。铲地用平口卡凿铲除画面空余的部位，深度以显露出里层的石色为准；铲地结束后，用手凿和小铲刀进行景物的雕刻。这个过程讲究透视关系和近景与远景之间的关系。按景物分布前后与大小的不同要求，雕刻的厚度应有所变化。厚薄不一，可造成视觉上的变化，让人感受到石雕的天然情趣；最后进行磨光。至此才诞生一部浮雕作品。

薄意

薄意是从浮雕技法中逐渐衍化而来的，它比浅浮雕还要"浅"，因雕刻层薄而且富有画意，故称"薄意"。因其浅刻如画，所以也被称做"刀画"。薄意雕品素以"重典雅、工精微、近画理"而著称，它融书法、篆刻、绘画于一体，是介于绘画与雕刻之间的独特艺术，正因为这样，优秀的薄意作品往往具有超凡脱俗的艺术魅力，特别富有欣赏价值。薄意不仅作为一种独特的艺术表现手法而名冠寿山石界，而且因其雕刻技艺高绝而使作品独具艺术魅力，因此可以认为薄意是寿山石雕的最高境界，它和其他雕刻技法相比，不仅要求雕刻者掌握高超的雕刻技艺和深厚的功底，而且要求他们在书法、篆刻、国画、诗词音律等方面，都必须具备良好的艺术修养和造诣，只有这样，薄意作

九应真·寿山杜陵石

尺　寸　10厘米×24厘米

鉴石要点　应真就是罗汉的意思，采用浅浮雕的技法，在石质细腻油润的杜陵石上施雕，器件简约大方，光洁素雅，清光内蕴，料随手形。

品才能达到清新洒脱、高远飘逸的艺术境界。

镶嵌

镶嵌工艺就是把不同颜色的寿山石片，按照预先设计好的图画进行分解，刻成浮雕，然后再按照图稿把它镶饰在漆器的屏风、挂联、桌屏或器皿等物件上。这种技法产生的背景有两个方面，一是寿山石色彩十分丰富，人间百色应有尽有。二是福州乃全国有名的传统工艺之乡，脱胎漆器之上，可谓珠联璧合，相形益彰。

钮雕

钮雕多是在印章上部的雕刻，起装饰印章的作用，明清时期非常盛行。钮雕的雕刻过程多视所择印章的形制而定：一是开料，又称"解石"，即将原石锯成章坯。《观石录》载："石质厥润，锯行间则热，行久迫留燥则裂，解法，'水解'为上。锯行时，一人提水壶。徐倾灌之。"章坯形成后要"过砖"，就是将印坯磨平磨光。二是"相石"。印钮雕刻的成败，关键在于"相石"。印章有四面，首先要确定其朝向，俗称"朝面、立向"。钮头的设计应充分发挥石质的特色，注意印顶石料瑕疵的掩盖处理。钮雕的图像设计要与印章整体高度成比例，通常为整颗印章的三分之一。钮雕的题材很多，主要有古兽、动物、鱼虫、人物、花果、博古等。古兽钮是寿山石印章的常见钮式。古兽多选古代神话中的猛兽、奇兽、怪兽，以狮和螭虎为主，此外有龙、凤、夔、角端、辟邪、饕餮、天禄、麒麟、鳌鱼等。

线刻

用尖刀在石面上刻划线条表现景物的形象，谓之"线刻"，也称"阴刻"或"描花"，是雕刻与绘画直接结合的表现技法。线刻是寿山石雕的一种辅助技法，常与其他技法配合使用。如圆雕人物作品完成后，服饰或道具上有格纹、斑点之类的瑕疵，用尖刀线刻花纹掩饰；又如在印钮下面的四周用刀刻出单线条的纹样；或者与浮雕技法配合，按远近透视的关系，近景刻浮雕，远景以阴刻线条表现，使之层次感更为强烈。

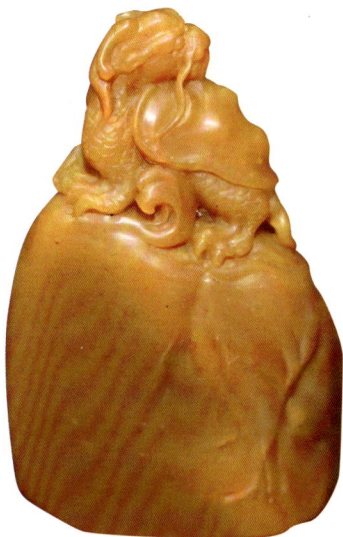

龙生九子·寿山田黄石（之一）
尺　　寸　5厘米×5厘米×4厘米
鉴石要点　黄家宪雕刻。

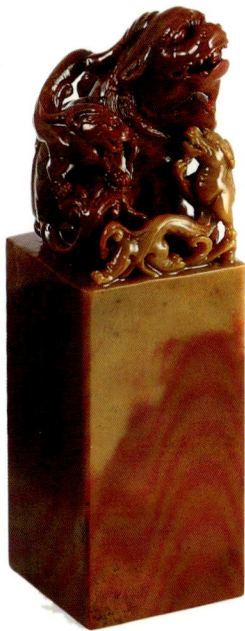

瑞兽钮章·寿山马背杜陵石
尺　　寸　4.3厘米×4.3厘米×14厘米

镂雕

也称镂空，即把石材中没有表现物像的部分掏空，把能表现物像的部分留下来。如古代雕龙，在掏空龙口腔的同时，要在口腔里保留下一颗"珠"。这颗"珠"是原材料的一个部分，雕刻者用细刀小心翼翼地通过"龙嘴"，往里凿出一颗"珠"来。这颗"珠"剥离原石材后，不仅能滚动自如，还不能滚出"龙嘴"。

基于镂雕的难度很大，所以从石料挑选、作品布局、刀具配备到雕刻程序等，都与一般的雕刻技法有所不同。镂雕的石料必须质细性纯，尤其是镂空部分，更不应有裂纹和高密度的砂格，否则容易造成断裂。镂雕使用的工具，除一般雕刻刀具外，还需要特制的长臂凿、扒剔刀、铲底刀、钩型刀，以及小锯刺等专用刀具。由于镂雕内部景物的空间受很大限制，只能依靠扩大入刀方向的办法来克服操作上的困难，所以镂雕景物的设计要求最好是多面透空。一般来说，透空的方向愈多，空洞愈密，镂雕就愈易，效果也就愈佳。镂雕的程序是"先外后内"，待外层景物及其他衬景的打坯、凿坯工序全部结束之后，才能进行镂雕。

链雕

是用一块石材镂空雕刻出一整条活动石链的雕法。该法源于玉雕，却比玉雕更难，因为寿山石的石质不比玉质坚韧，稍有不慎就会造成链断石破。

链雕对石材的要求也是很高的，必须经过严格挑选、鉴定。一般情况下，质细性坚、纯而无格的寿山石比较合适。在相石构思时，也要特别精心细致。首先要安排好链条的位置，使链条巧妙避过裂纹与砂格。在雕刻时，链条可与其他景物同时打坯，但不能急于穿孔脱环，必须等待作品修光完成之后，再慢慢进行脱环。

脱环是一项非常精细的工作，难度极高。先用小型钻具小心翼翼地顺着每环的内廓并排钻孔，每孔之间略留距离，

海底世界·寿山黄白杜陵石
尺　寸　14厘米×18厘米
鉴石要点　采用巧雕技法，将黄白杜陵石精美地雕刻成迷人的海底景观，鱼群自由畅游，海底植物生长，显得生机盎然。

然后再用特制的小链刀或针钻，谨慎按序，一一脱环。为了防止已脱链环遭受破损，每完成一环后，还要用"可回性打样膏"加以固定，待整条链环刻成后，再将胶合的部分用温水泡浸，慢慢脱落。

钟馗嫁妹·寿山五彩芙蓉石

尺　寸　47厘米×40厘米

鉴石要点　林贞瑞雕刻。钟馗，是中国民间传说中驱鬼逐邪之神。民间传说他系唐初终南山人，生得豹头环眼，铁面虬髯，相貌奇丑；然而却是个才华横溢、满腹经纶的风流人物，平素为人刚直，不惧邪祟，解难救世，捉鬼降妖，镇宅避邪，能护福祛邪以佑平安。

寿山石雕底座的配备

寿山石需要陈列出来，才能让人观赏、品味。寿山石摆放需要配座，配上好座能提高寿山石的观赏价值。目前寿山石配座有木质的，有石质的，还有根雕的。寿山石陈列也有讲究，一般认为寿山石陈列需要古香古色的环境，而矿物晶体可以采用现代时尚的搭配，当然这需要凭自己对寿山石的理解来搭配。

托立主体

石雕主体的石材部分是不定形的，大都是立不稳而又不便于凿、锯加工的(因加工易损坏其自然造型的完整性)，为此就需用木座或其他材质做座，按其最佳角度将之托起来。

烘衬主题

形制适宜的配座，可增强主体形象的态势和神韵。例如命题为"急流勇进"的鱼的造型石，配座时选取有波浪状的树根做座，让主体的"鱼"有如劈波冲浪，勇往直前的动态。"鱼"就活起来了，主题就鲜明了。

美饰装点

有些题材古雅的石雕，需配红木雕刻工艺座。这类底座或书卷形，或刻简朴的图案，能更显得作品古色古香。

海底世界·寿山杜陵石

尺　寸　15厘米×19厘米

鉴石要点　正面雕刻鱼群及植物，动中有静，别有情趣，底座配备的讲究，与整体细腻雕工的艺术品融合，更显品位。

平衡重心

有的作品要突出动态感，需斜放，但又往往重心不稳，这就需用座的重力来调整实体的平衡和视觉的平衡。

协调色彩

座与石的色彩配比，一是要以深浅示轻重。一般来说，座为深色，才能在视觉上呈稳重感。二是要色差对比适中。色差太大，会失掉座与石浑然一体的效果。色差太小，如浅色的石没有稍深色的座，作品的整体就失于轻浮。三是有的石种(如彩霞石)色彩艳丽，配座就应色调单一素雅，不能让石与座的颜色"艳"在一堆。

补缺藏拙

具象作品遗缺部分，如鹰的脚嫌太短，可在座的相应部位凸出一截作为假肢，但要假得必要和自然，避免画蛇添足之弊。有的石形出现败笔时，应尽可能地将其埋在座臼里隐藏起来。配座的型式大致可分为托底型，单框型，包边型，盆盘型。

配座宜忌

1. 宾主有别。石为主，座为宾。"宾"在体积上和石的比，宜于四分之一至五分之一。忌喧宾夺主。"宾"的线条宜简忌繁。造型上宜抽象忌具象。

2. 座的材质宜坚硬，新鲜，干燥，忌疏松、伤裂、腐朽、虫蚀。

3. 座的样式宜因形制宜，多样化，忌千篇一律。

4. 座的添色，油饰宜透明色、透明油或用蜡打磨，以显出木纹为妙，否则为忌。

5. 座宜做工精细，稳当，忌粗糙马虎。特别是座与石的衔接部位，宜吻合精密。最好达到"天衣无缝"，不用粘胶粘接也放得稳当。这样利于搬动，也便于座、石分开保养。

6. 座与石在某种情况下必须粘接时，粘接剂可用环氧树脂、万能胶。它们使用方便，强度大。白乳胶较经济，取座也灵活。接缝处空洞大，可用白乳胶调细木糠或棉纸浆填塞。木糠的颜色应和座材颜色接近。

三羊开泰印章·寿山芙蓉石

尺　　寸 2.7厘米×2.7厘米×7厘米

鉴石要点 石材质地细腻、柔和，闪烁着一种特殊的光泽，这使它显得优美而含蓄。线条清晰优美，古朴大方，三只羊盘卧翘首，造型生动，栩栩如生，寓意美满吉祥，世代富贵。

书生·寿山芙蓉晶石

尺　　寸 5.5厘米×3.5厘米×4.5厘米

历代寿山石雕的特点

寿 山石雕技法丰富多样，精湛圆熟，又在发展过程中广纳博采，融合了中国画和各种民间工艺的雕刻技艺与艺术精华。寿山石雕在中国传统玉石文化中占有突出地位，相关雕刻品已成为高雅、精美、凝重和睿智的象征。寿山石雕追求既雕既琢的艺术效果，提倡返璞归真，故以"相石"为重要环节，讲究利用石形石色，巧施技艺，以达到"天工合一"的境界。

清·观音·寿山高山石

尺　寸　14厘米×10厘米

鉴石要点　观音摆件造型古朴典雅，观音面部端庄秀丽，造型逼真生动传神，线条流畅，雕工技艺精湛，浑圆饱满，精巧脱俗，气度不凡，雕工大师挥刀代笔，以技显艺，以形写神，是件不可多得的佳品。

南北朝：寿山石雕的起源时代

关于寿山石雕的起源，因现代考古发现和鉴证而逐步推前，迄今为止，所出土的寿山石雕实物最古老的应该为南北朝时期。

1965年，福州北郊五凤山中的二凤山坡上的南朝墓葬中曾出土了一对寿山石线刻猪。

据当年参加发掘考古工作者回忆，这座南朝墓外观是福州地区常见的砖砌券顶墓，平面呈刀形，墓室前有小于墓室的砖砌券顶墓道，在清理墓道中发现了南北朝墓葬中常有的青瓷盘口壶、青瓷隐刻莲花纹托杯等殉葬品，接着在墓室内约两立方的淤泥里清理出一对已断裂的"石刻猪"。

一只残长5.4厘米，宽0.8厘米，厚0.3厘米；另一只残长3.6厘米，宽0.8厘米，厚0.3厘米。"石刻猪"形体扁平，匍匐于地，圆鼻前拱，四肢曲拐分别紧贴躯体两侧的前后，背脊正中刻两条直条，突出了脊背，背脊两侧刻稀疏的鬃毛。

整个刻石呈直条状，近看可见细疏的线刻划痕，刀法简洁利索，表现出伏猪的生动形象，栩栩如生。

据鉴别，这对"石刻猪"的用材是取之裸露地表的寿山老岭石，无论在雕刻技巧方面和造型手法上以及古朴的刀法都无法与后代登峰造极的明清时期的寿山石雕相媲美，但是，作为早期的雕刻品，它用非常简练的线刻，活灵活现地表现出古人祈禳"五谷丰登"的猪的形象，造型雕刻技艺极有特色，也极为难得。

唐五代：寿山石雕与佛结缘

唐代是中国历史上的太平盛世，政治稳定，经济繁荣，宗教亦大行其道。佛教自东汉由印度传入中国，至唐代已极为昌盛。唐代多用寿山石刻制宗教用品，如佛像、香炉、念珠等物。

这是因为，在福建偏远的寿山乡一带当时也大兴寺院，地方志上曾记载的便有延庆禅院、镇国禅院、广应院、翠微院和林洋寺等多所，僧众达数千人。

一时善信四至，香火鼎盛，相传寺僧们曾就地取材用寿山石雕刻佛像、托钵、念珠、配件等，除自用外，还作为纪念品答赠各方来客。

宋代：专业的寿山石雕队伍形成

高兆的《观石录》曾说："宋时故有坑，官取造器，居民苦之，牵致巨石塞坑。"毛奇龄的《后观石录》也取相同的说法。从前后两部《观石录》可知寿山石在两宋时已大量开采，专业、非专业的石雕队伍亦已形成，寿山石刻也被列为贡品。

宋代，寿山石被刻成石俑作殉葬品的礼仪风靡一时。石俑可分为人物俑和动物俑两大类。人物俑有立、坐和跪三种造型，动物俑常见的有玄武、朱雀、苍龙、鸡、犬等，大小不一，造型质朴，刀法简洁。

福州市博物馆收藏有1965年从福州东郊登云水库工地一座北宋徽宗宣和五年（公元1123年）墓葬出土的文物，其中有寿山石刻的文武俑、侍俑、男女俑，形式有立像、坐像，

清·罗汉·寿山将军洞芙蓉石

尺　寸　14厘米×10厘米

鉴石要点　整体造型大气而别致，佛面笑容可掬，形象饱满，质地细腻，整个摆件线条流畅，形象生动，慈眉善目，神态安详，给人一种宁静之感。

姿势大多作拱手状。动物类有青龙、白虎、鸡犬、龟蛇以及十二生肖等。这些石俑，人物类的尺寸大小都比较统一，形象也较为粗犷；动物类则不然，寸度大小差距很大，大者高11厘米，小则仅高3.15厘米，造型简单，神态生动，龟、犬、虎的姿势各不相同。

1966年1月，在福州金鸡山南宋嘉定元年墓中出土了一件寿山石朱雀。该石刻高8.6厘米，长9.5厘米，宽2.5厘米。翘首蹲坐，凝目远视，形象生动，神态逼真，刻工简朴，刀法洗练，反映了宋代福州寿山石雕的工艺水平。

元、明：寿山石开始用于制章

元代，对寿山石的把玩形成了一个小高潮。据南宋淳熙年间（公元1174～1189年），学者梁克家编纂的《三山志》记载，宋时福州已大量开采寿山石用于雕刻，精美者作为贡品发运汴梁，成为宫廷玩物。大者为达官贵人陈列于几案欣赏，小者则成为文人雅士手中的玩赏品。

元代时，寿山石开始被广泛地应用于印章的雕刻。相传元明之际，著名画家、诗人王冕（公元1287～1359年）首创以花乳石治印，改变了历代沿用铜、玉作为印材的历史。花乳石已无可考，但属叶蜡石则无可置疑。寿山石亦系叶蜡石矿物，以其柔而易攻，即容易雕刻的特点成为印章的最佳材料之一。

到了明代，寿山石的价值开始被宫廷赏识。洪武年间(1368～1398年)，朝廷在寿山设厂采石。"皇帝之宝"、"大明皇帝之宝"、"玄谷帝君金丹之玺"、"成化皇帝之宝"皆以寿山石刻玺。明代思想家李贽篆章2枚，皆为寿山柳坪石。寿山石雕从殉葬品的"圆雕"发展到印石的"钮雕"。同时，寿山石也成为不少文人墨客描绘的对象。比如，明代陈道修，黄仲昭撰《八闽道志》记载："寿山在四者，与芙蓉、久峰二山相对峙，山有石莹洁如玉。"

清代：寿山石雕的鼎盛时期

清代是寿山石雕的昌盛时期，史籍记载，雍正时寿山石雕已纳入官府的征税范围，雕刻艺术因材施艺，分别雕刻印章、文具、人物、动物及玉镶嵌各种器皿，印章的钮饰更加精致多样，表现技法上出现了阴刻和链条技法。清代的皇帝，几乎每一个都特别喜欢用寿山石篆刻印玺。康熙对用寿山田黄石篆刻的"体元主人"小玺的"万机余暇"闲玺，珍爱备至。雍正皇帝用过200方左右的印玺，其中160余方为寿山石篆印。

螭虎穿钱·寿山石

尺　寸　30厘米×10厘米×3厘米

鉴石要点　此摆件石质极其温润、细腻、通透，黄俏皮白冻，俗称"金包银"，整个摆件设计构思缜密，白冻地雕成一条转体翻腾的蛟龙，富有生气，方孔钱和刀币，古意盎然，相映成趣。雕工极其精湛，刀刀细致入微，是一件不可多得的佳品。

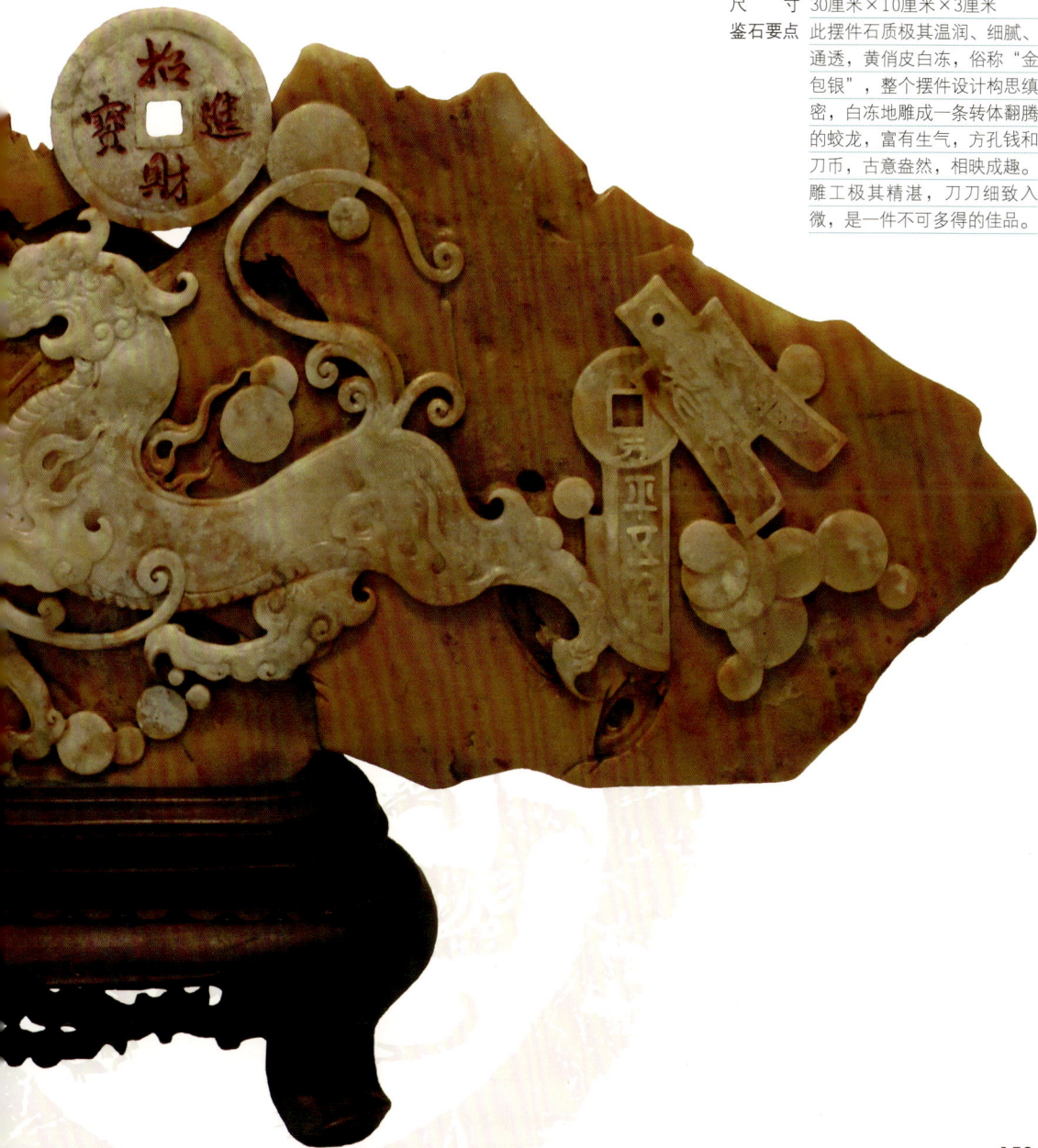

乾隆皇帝有寿山篆刻的印玺100多方，其中最珍贵的是用一块大田黄石镂空成3条石链，每链系一方印玺，分别文曰："乾隆宸翰"、"惟精惟一"、"乐天"，世称"乾隆三链章"，收藏在故宫博物院。此外，嘉庆皇帝、咸丰皇帝、慈禧太后也收藏有许多寿山石刻成的印玺。

清代的寿山石雕作品从选材到立意，再到最后表现形式，都与现代寿山石雕刻有着本质上的不同。形成这种不同的根本原因，是审美差异。旧时寿山石作品的受众，以文人骚客、书香门第为多。对作品的要求多是小而精，或含蓄内敛，寥寥数刀只求意至；或极尽精巧，大有非得"芥子之中纳须弥"之气势。

有史以来最早的两部寿山石专著也在清代面世。康熙七年（公元1668年），福建著名学者高兆黜官回乡，见友济"怀瑾握瑜（指玩赏寿山石），穷日达旦，讲论辨识"，便从好友处收集了一百四十余枚寿山印石进行研究分析，并写就历史上第一部评介寿山石的专著《观石录》。

清·降龙罗汉·寿山石

尺　寸　14厘米×10厘米

鉴石要点　"迦叶尊者显神通，佛法无边降神龙。"驯服的苍龙屈服游离在罗汉脚下，游动间似乎难以驯服。罗汉面容端祥，英勇神武，神态活灵活现。作品雕工细腻，俏色宜人，质圆润莹。寓意破除万难，志取成功。雕刻细致，灵气凝聚，彰显佛意随性、佛光普照。

康熙二十六年（公元1687年）来自浙江萧山的著名学者毛奇龄客居福州，自得寿山美石四十九枚进行究识，他以纪事体材于康熙二十九年（公元1690年）写成《后观石录》，对寿山石色彩、质地及雕艺均详为描述，并首次提出"以田坑为第一，水坑次之，山坑又次之"的三坑分类法，为后人树立了品石准则，影响至今。前后《观石录》问世以后，推动了名流学士、豪门贵族以及民间"争玩"寿山石之风，这"天生尤物"更由此"跻身宝石之林"。

如上文所述，清代也出现了杨玉璇、周尚均等诸多巨匠，他们将雕刻技艺与寿山石特性完美结合，形成一套独有的表现技法，奠定了寿山石雕刻技艺独特的地位。

民国：寿山印章收藏之风极盛

民国时期，印章收藏之风极盛，专门收藏印章的藏家辈出，以寿山石刻印风行一时。寿山石章洁净如玉、柔而易刻，备受书画家、篆刻家的赏识，如吴昌硕、齐白石等著名书画家，都对寿山石钟爱有加。

民国期间，寿山石的开采逐渐复苏。据有关资料记载：1917年，寿山一年出产雕刻用石3000斤，品种有40余种，采掘坑洞140余处。但是自抗战爆发后，寿山石的开采一落千丈。这种情况一直延续到新中国成立之后。

解放初期寿山石雕

解放后，全国人民逐步从战乱和灾荒的阴影中走出来，新兴的人民政府号召恢复生产。1955年，郭功森、周宝庭等16个老艺人联合成立"福州郊区寿山石刻生产小组"——没有现成的工作场所，周宝庭就索性将自家院落整理出来，作为小组的生产车间，他还动员夫人加入生产小组，专门负责给艺人们做饭。

生产小组成立时，制定了严格的生产制度和工厂规则；而这十六个人又号称"十六罗汉"，个个都是身怀绝技的寿山石雕刻高手。

就是在周宝庭家中，他们发挥各自的优势，运用多种技法进行寿山石雕创作，很快，他们的作品就被文化部门收购一空。

螯龙钮章·寿山朱砂冻石
尺　寸　10厘米×10厘米×14厘米
鉴石要点　线条纹理清晰可见，运用浑然天成，形神兼备，致密细腻，料足质厚，圆润饱满，品相极佳；其意，消灾解难，驱除邪魔，镇宅避难，催财升官。

第二年，生产小组中便有六个人获得福州市名艺人称号，其中郭功森获一等奖，周宝庭等三人获得二等奖；陈敬祥等二人获三等奖。

也是在这一年，由于业务扩大，生产小组发展成为生产合作社，人员也由原来的16人增加到50几人。

1958年，福州石雕厂成立，周宝庭他们的生产合作社全部被并入石雕厂。

新时期的寿山石雕

到上世纪八九十年代，在经历了"文革"时期的为政治服务的雕刻和审美断层之后，寿山石再次逐步发展起来，并开始探索重新崛起的艺术发展道路。这一时期的寿山石雕刻创作，主要是为满足出口创汇的需求，大量的寿山石雕作品都充满了浓郁的装饰效果。

当然，在这样的出口创汇热潮之下也不乏优秀的作品诞生，纯手工雕刻的继承更显得弥足珍贵，像陈敬祥、王炎铨等那个时期的代表人物，他们的镂空雕刻等技法至今仍有很强的时代意义，其中求偶鸡、狮戏球等经典的作品甚至由于民俗文化传承的断层而更加弥足珍贵。

进入新世纪之后，众多西方外来美学理论与艺术流派传入中国，新老寿山石雕创作者们不同程度地接受了学院派教育体系的进修与深造，因此传统的寿山石雕艺术自然也不例外地逐渐受到了这些西方美学甚至是哲学思潮潜移默化的影响。

当代寿山石创作工艺、技法和题材已呈现出非常多样化的面貌。艺术家深挖寿山石材质本身的价值，发展出两大主流：一是传统的文玩用具，另一类是适应当代需求创作的大件装饰摆件。寿山石创作已摆脱以前工匠式的创作，定位已不再是工艺品，上升为纯粹的艺术品创作。据相关统计显示，目前寿山石雕技艺实力雄厚，拥有国家级大师15人，省级大师、省名人以及中、高级工艺美术师、名艺人等300余人。这些艺术家将艺术创作和时代特征淋漓尽致地结合起来，曾经具有实用功能的寿山石，艺术价值再次得以提升。

从2000年至今，寿山石市场越来越热，并迎来了持续上涨的行情，这一方面是因为资源的稀缺性日益严重，另一方面也是由于市场的参与者逐渐增多，很多人将寿山石作为一个投资渠道，希望通过购买寿山石能使得个人财富保值增

狮钮方章·寿山结晶体芙蓉石

尺　寸　2.8厘米×2.8厘米×13厘米
鉴石要点　润美细腻，色泽纯净光莹。运用俏色巧雕的传统巧琢风格，保留了石色的天然风貌，兽身俯卧，如金如辉，灿烂夺目，瑞兽之形，流畅生动。

值。在这种情况下，寿山石雕也形成了新的现代艺术风格。经过多年的市场熏陶，市场参与者的审美能力均有不同程度的提高，尤其是收藏家的审美和鉴赏能力的提高，使得他们不再满足于过去呆板的、千篇一律的工艺品，这一需求的变化促使艺术家开始注重作品的神韵，尤其在2010年秋拍，福建东南举办寿山石雕珍品夜场，将寿山石雕艺术是否具有品位高雅的韵味作为这一专场上拍藏品的入选标准，取得非常优异的成绩，市场影响深远。随后，藏家对寿山石雕审美的需求愈发强烈，审美标准也愈发明确。在此之后，一批具备较高艺术水准的雕刻艺术家的价值不断被市场重新审视。寿山石雕艺术的价值体系初步形成。

谈古论今·寿山高山石

尺　寸 40厘米×40厘米

鉴石要点 层峦巍然高耸，云蒸霞蔚，苍松林立，亭台楼阁掩映于巅峰之间，风光无限好。高士谈古论今，怡情于秀美山水之间，笑谈沿途风景如画。表现山川的秀美风光及悠闲自得的清静生活。寓意人生前程似锦，事事如意。

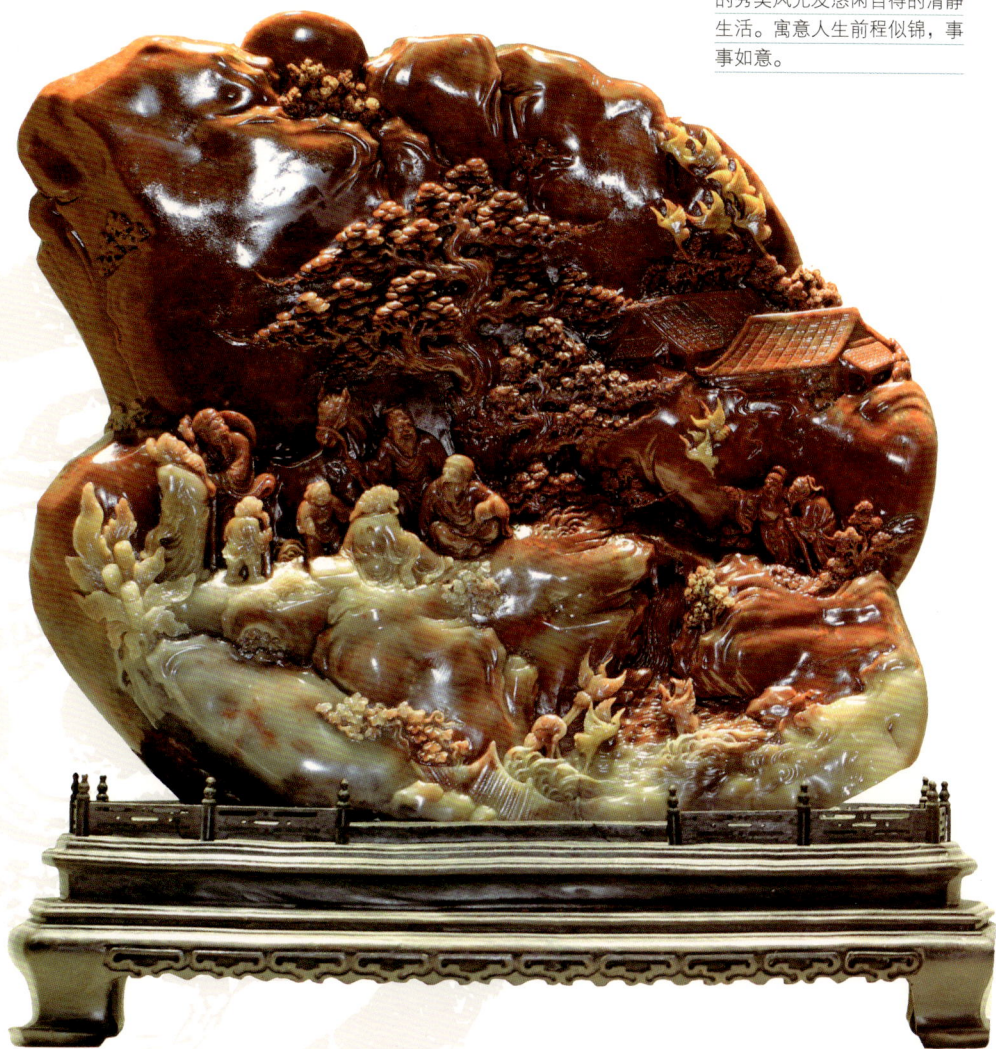

寿山石的艺术大师价值

寿山石与篆刻艺术有着极其深厚的历史渊源，精美寿山石与名家雕刻的结合更让其身价倍增。名家通过精湛的技艺为寿山石赋予了血与肉、灵与魂，而反过来寿山石也成就了它的雕刻者，为他们带来了名与利。

薄意大师林清卿

林清卿（1876～1948），福建福州市人。早年师从寿山石雕"西门派"高手陈可应，主要学习薄意雕刻，后又悉心钻研中国画画理，并将其运用于薄意创作。

清末民初福州独特的人文环境，繁荣的工艺美术，寿山石雕业态以及商号、收藏家、"秀工制"等因素都成为林清卿"薄意"艺术产生与发展的重要基础。林清卿秉承寿山石雕"西门派"的优良传统，吸收中国画、印章篆刻的艺术精髓，并融合了其他门类的雕刻技艺，"以刀代笔、以石作画"，形成独具特色的艺术风格。

林清卿最喜欢向裂纹多的石料挑战，其"薄意"因材施艺，刀法独到多变，注重形式风格，更追求"文人画"的意境。他刀下的梅花老干弯折蟠曲，新枝长而挺直，给人以孤芳冷洁向春风的感觉，他的薄意菊花常在岩石边迎风怒放，有股不畏秋风的豪情。

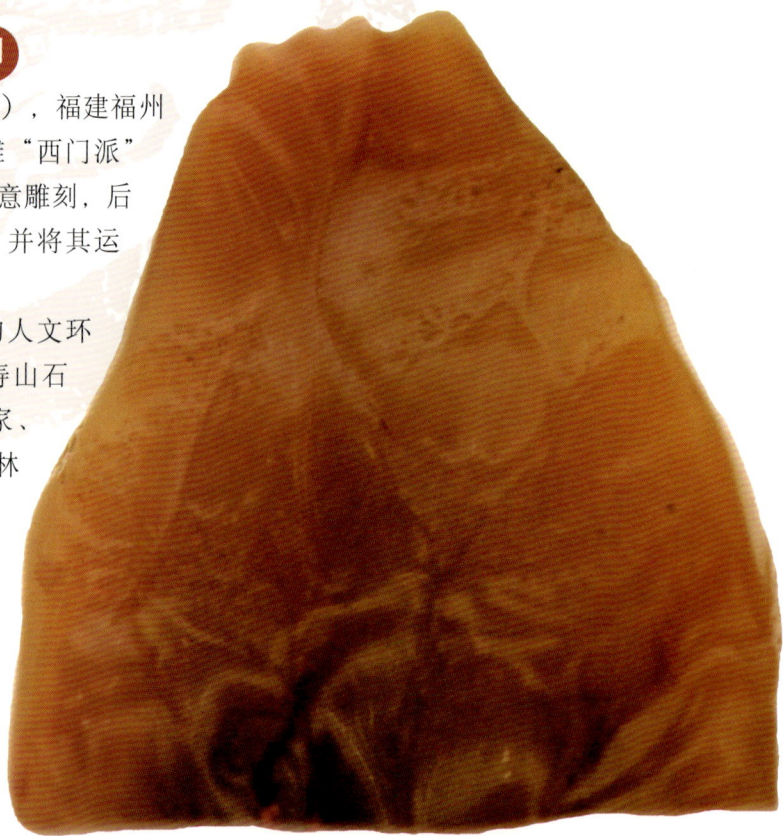

林清卿·松下高士薄意雕·寿山田黄石

尺　寸　5厘米×6厘米

鉴石要点　重78克，此章小巧，不甚规则，作者因材施艺，浅刻烟云缭绕，丛山峻岭之间有老松虬枝劲挺，松下一老叟一童子携伴而游，笑意盈盈，颇为传神。

林清卿的石雕题材广泛，弥勒、人物、山水、花鸟、鱼虫无所不及，如憨态可掬的罗汉，"羲之爱鹅"、"米芾拜石"、"赤壁夜游"、"八仙过海"、"落日归帆"、"芦雁苇塘"、"密林深壑"、"梅雀争春"、"荷塘鸳鸯"、"黄菊雏鸡"等，皆诗意浓郁，情趣盎然，风靡一时。

目前的传世作品成为各大拍卖行的"抢手货"，2013年，在西泠拍卖的"印石三宝"专场上，一枚重34.5g的林清卿作田黄石云纹薄意扁方章以517.5万元成交，这一枚印章同时也以每克15万元刷新了田黄单克的成交纪录。

"东门流派"正宗传人林寿煁

林寿煁（1920～1986），字煁宝，福州鼓山后屿村人，中国美术家协会福建省分会会员、福建省工艺美术会员会员。

林寿煁为寿山石雕"东门流派"的正宗传人，自幼受祖父林元珠、父亲林友清的熏陶，热爱寿山石雕，长成后又吸取"西门流派"的"薄意"技艺，融"东"、"西"流派于一炉，自创一格。林寿煁主工薄意、浮雕，善刻松竹、花鸟等石雕作品，善作多层次布局，意境纵深。

寿山石首位工美大师郭功森

郭功森（1921～2004）是福州东门后屿乡人，13岁时就随林清卿等名师学艺，50年代入中央美术学院华东分院民间艺人进修班深造。

1958年聘为福建省工艺美术研究所特约研究员，后任福州市工艺美术实验工坊主任、福州雕刻工艺品总厂研究所副所长、福建省政协委员、福建省工艺美术学会副理事长、理事长、中国美术家协会会员、中国美协福建分会理事、中国工艺美术大师、福建省高级工艺美术师、福建美协副主席。福州市寿山石研究会名誉会长。

郭功森是寿山石雕艺术家中第一位获"中国工艺美术大师"称号的人，擅长人物、山水和花鸟的雕刻，能紧密结合现实生活，反映新题材。

林寿煁·螭虎图·寿山田黄石

尺　寸　4厘米×4厘米×7厘米
鉴石要点　重69.9克。此雕工以浅浮雕为主，在体现出雕刻意图的基础上，可尽量减少对优质原料的损害。

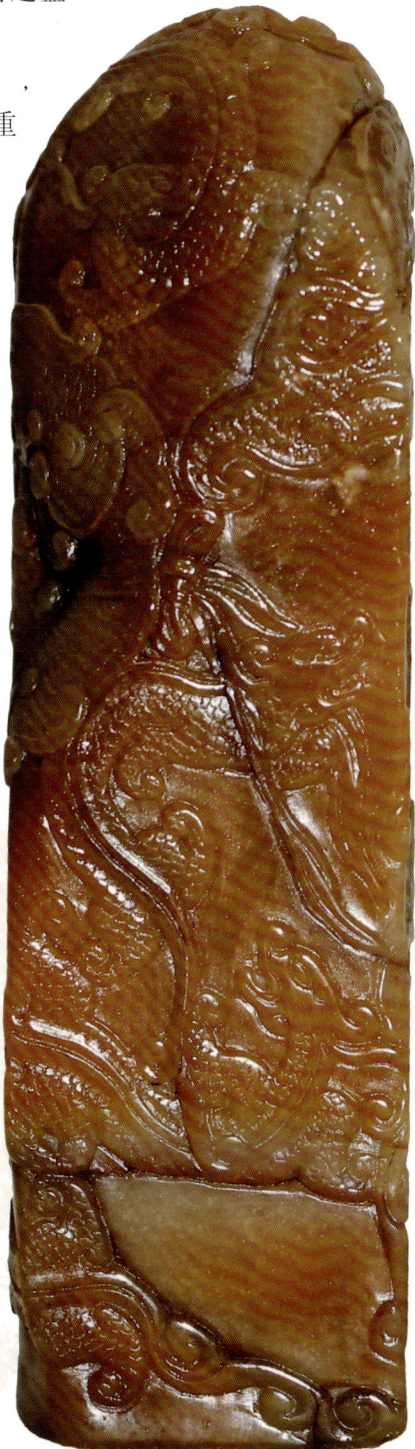

郭功森·伏狮罗汉·寿山水冻桃花石（正背）

尺　　寸　10.5厘米×6.5厘米×5厘米

鉴石要点　巧用圆雕技法雕刻的伏狮罗汉，细腻圆润、光滑亮泽，线条自在流转，汇集祥瑞，精巧可人。

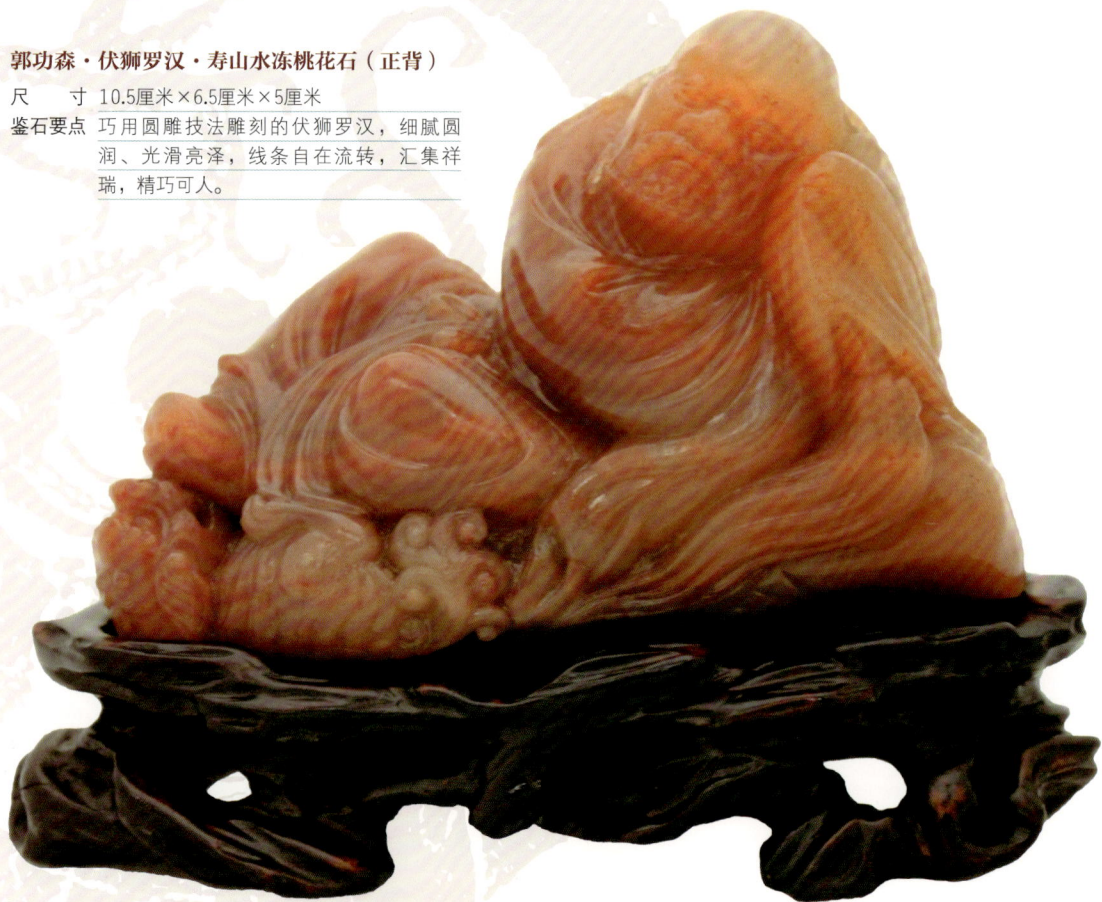

1952年创作的《斯大林胸像》石雕，参加福建省首届美术作品观摩会，并获四等奖。1956年制作的《宝玉与黛玉》石雕，参加福建省工艺美术展览会并荣获一等奖。1958年选用旗降石，精心雕刻的《九鲤连环卣》，卣身刻九条镂空鲤鱼，两肩各有一条二十六个环的石链，环环相套，显示了高超的技艺，此作现陈列于北京人民大会堂福建厅。

子承父业郭祥忍

郭祥忍于1960年出生，系中国工艺美术大师、著名寿山石雕高级工艺美术师郭功森之子，现为福建省工艺美术大师、高级工艺美术师。

郭祥忍虽师承乃父，但善于博采众长。自幼的艺术熏染，使他善于钻研并努力追摹明清以来传统艺术之灵秀，在继承传统技法的基础上，认真观察现实生活，并不断创新。

其作品造型超逸古朴，玲珑剔透，尤其善于利用石材的"巧色"，并致力于作品须爪鳞甲、鬃毛发齿的刻画，使作品栩栩如生。所刻兽钮，筋力道健，雕刻螭虎穿环，飞鳌水兽等尤为精妙。

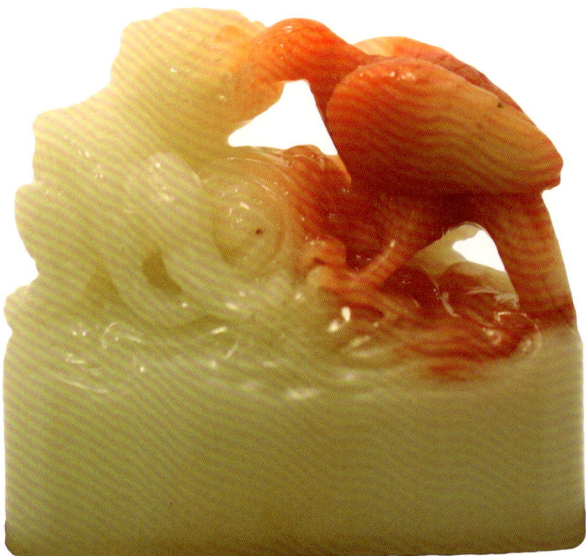

郭祥忍·鸾鸟瑞兽钮章·寿山芙蓉石
尺　寸 7厘米×6厘米×3厘米
鉴石要点 清新惹眼，精雕细琢，英武生动，灵气逼人。寓意趋吉避凶，大吉大利，一飞冲天。

郭祥忍·三阳开泰·寿山结晶体芙蓉石
尺　寸 3.5厘米×3.5厘米×8厘米
鉴石要点 中国古代阳与羊同音，阳即为羊。"三阳"依照字面来分析，比较直观地解释为三个太阳，即为早阳、正阳、晚阳。朝阳启明，其台光荧；正阳中天，其台宣朗；夕阳辉照，其台腾射。均含勃勃生机之意。该作品因物象形，三只羊团卧一起，神态舒展，寓意祥和。

郭祥忍·瑞兽·寿山石
尺　寸 4.5厘米×4.5厘米×6厘米
鉴石要点 凝润通透，细腻无瑕，石质极为细腻均匀，水感十足。

167

由木雕"跨界"石雕的大师林亨云

林亨云，出生于1930年，现为中国工艺美术大师、国家高级工艺美术师，中国寿山石雕刻大师，中国工艺美术研究院文化艺术市场研究中心研究员、中国工艺美术学会会员、福建省寿山石文化艺术研究会顾问。

林亨云自幼跟随舅父陈发坦学习木雕，由塑造佛像进而从事木雕、牙雕、寿山石雕的创作研究，在木雕人物与动物方面有较深的造诣。由于他看到寿山石五彩斑斓的旗降石、鸡母窝石、芙蓉石，由此而产生浓厚的兴趣，并成为石雕艺人。林亨云尤其擅长刻熊，他创作的熊或坐，或爬，或嬉戏，或逐食，逗人可爱，不但形似，而且富有人格化情感，尤其在茸茸熊毛的表现上有他的独到之处。

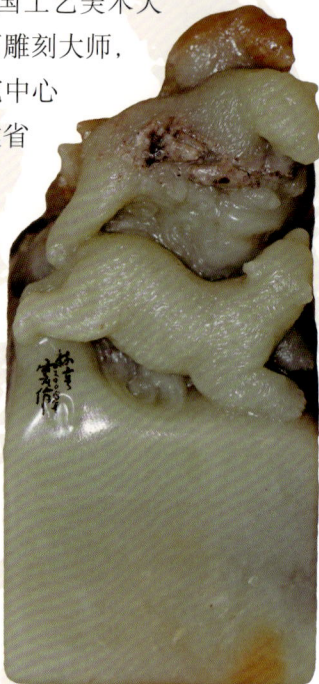

林亨云·母子熊·寿山五彩旗降石
尺　寸　3.3厘米×3.5厘米×8厘米
鉴赏要点　由老艺术家平易朴实、乐观豁达的人格魅力和他那颗未泯的童心所感染，所以雕刻的作品情感真挚，令人折服。

林亨云·雄霸天下·寿山焓红石
尺　寸　8厘米×4.6厘米×4.6厘米
鉴赏要点　北极熊是北极的霸主，但在林亨云的刀下都显得那么温柔可爱，憨态可掬。

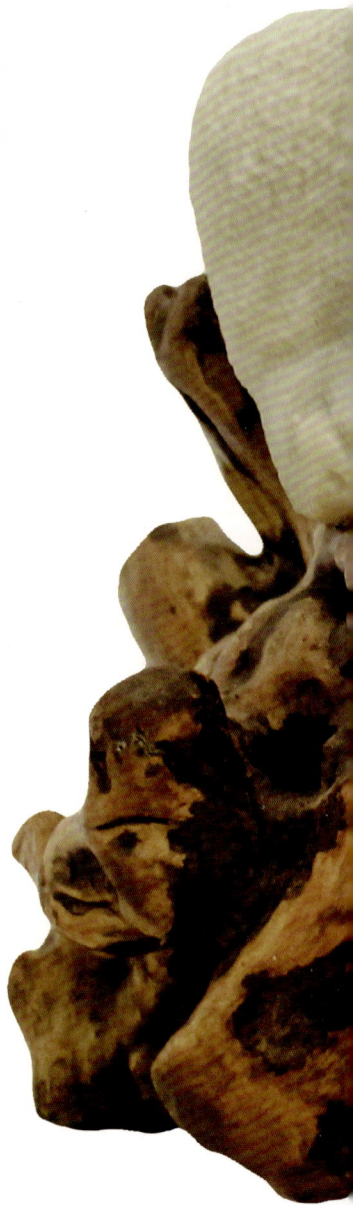

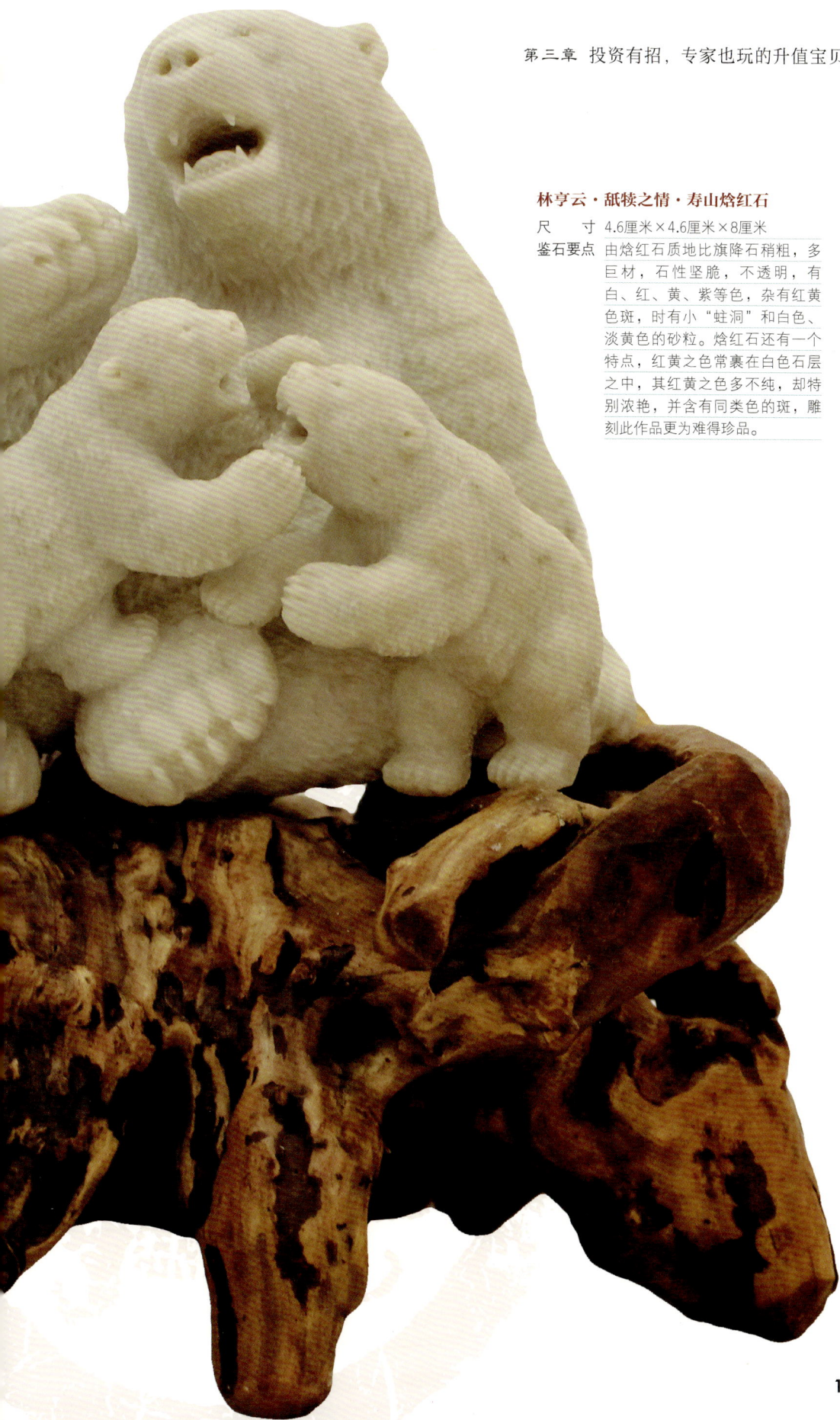

林亨云·舐犊之情·寿山焓红石

尺　寸　4.6厘米×4.6厘米×8厘米

鉴石要点　由焓红石质地比旗降石稍粗，多
巨材，石性坚脆，不透明，有
白、红、黄、紫等色，杂有红黄
色斑，时有小"蛀洞"和白色、
淡黄色的砂粒。焓红石还有一个
特点，红黄之色常裹在白色石层
之中，其红黄之色多不纯，却特
别浓艳，并含有同类色的斑，雕
刻此作品更为难得珍品。

入古而能出新的林发述

1929年出生于寿山石之乡后屿村，16岁跟随寿山石雕东门派大师林友竹学艺。现为中国玉石雕刻大师、福建省工艺美术大师。他既虚心好学，又善博采众家之长，师而不泥，入古而能出新，在寿山石雕老一辈艺人中其艺术作品颇具分量和影响。林发述擅长人物圆雕，尤以弥勒、罗汉见长。

其作品在表现方法上采用中国人物画的格调来塑造石雕人物形象，特别注重人物的相貌、体征、神韵、风度的细致刻画和文袖的飘动感。作品线条简洁明快，结构匀称、古朴凝重、诙谐自然、情趣逼真。作品曾获得国家级、省级、市级等多项奖项。

林发述也是第一个在寿山石界中运用"含苞"雕刻技法的人，并首次将"海底世界"、"民国仕女"、"人鸟合一"等题材搬到寿山石雕上，丰富了寿山石雕刻技艺的手法与题材。

《三仙醉酒》是其得意之作：把铁拐李喝到脸色青白，醉卧在吕洞宾身上的神态刻画得入木三分；吕洞宾醉酒后眼神朦胧，神情恍惚的神态展示得惟妙惟肖；而汉钟离则是张开嘴巴，似在胡言乱语又似在欢声大笑，喝到酒醉之时还翘起了右脚。三仙醉酒后的童真童趣，令观者不禁要捧腹大笑。

当代寿山石雕界名家冯久和

1928年生于福建福州。1943年师从于名艺人黄恒颂学习寿山石雕刻艺术。高级工艺美术师，中国工艺美术大师，福州寿山石研究会会员，中国工艺美术学会会员，福建省寿山石文化艺术研究会顾问。

冯久和擅长意境构思，俏色利用，特

林发述·三仙醉酒·寿山黄巢冻石
尺　寸　17厘米×18厘米
鉴石要点　似醉非醉，如诗如画，雕工细腻，令人喜欢。

林发述·童子送财·寿山善伯石
尺　寸　13厘米×15厘米

别是花鸟、蔬果作品蜚声海内外，他能因材施艺、驰刀自如，运用浮雕、圆雕、透雕等多种技法把花、果、鸟、虫同各式篮、筐、盒巧妙地结合在一起，呈现出果香、花艳、鸟鸣蝶飞的清新自然境界。从艺六十多年，作品多次获国家工艺美术奖项，并被多个美术馆、博物馆收藏。《含香蕴玉》入选中国邮电部发行的寿山石邮票。

冯久和·花开富贵·寿山高山石

尺　寸 15厘米×18厘米

鉴石要点 此摆件雕法很有特点，在中央可看到棕黄、白、红的颜色，乃雕刻大师在雕琢过程中揣摩原料特点分色的结果，是精雕细刻高难度技术的体现，是值得收藏的珍品。

佛像雕刻名艺人王祖光

1942年出生于东门后屿乡，现为中国工艺美术大师、中国玉石雕刻大师、福建省民间艺术家、福州市工艺美术特级名艺人、高级工艺美术师。现任中国工艺美术学会石雕专业委员会会长、海峡寿山石文化研究院鉴定委员会主任、台湾中华印石艺术收藏协会顾问。

王祖光出生于一个雕刻世家，自祖父开始就从事与寿山石相关的砚台和寿山石雕刻，其父也专事砚台雕刻。先后师从寿山石"东门派"雕刻大师林友清、周宝庭，擅长人物、钮头、古兽雕刻，对观音造像深有研究。既具有"东门派"圆雕的精致与通灵，又具有"西门派"圆章的细腻与文化内涵，给观者焕然一新之感受。其洗净铅华，除灭喧嚣的观音无不展示纯洁、宁静的艺术魅力，因此在业界享有"观音王"之美誉，已年过古稀的他依然在寿山石雕刻道路上义无反顾地前进着。

王祖光·观音·寿山善伯冻石

尺　寸　20厘米×15厘米
鉴石要点　观音端庄慈悲，动静相宜，富有现代成熟女性的母性之美，给人以超凡脱俗的审美感受。

随色赋形潘惊石

字林平，福建罗源人，出生于1963年。师从福建省工艺美术大师陈建熙先生。他的作品风格多样，擅长传统印钮，精俏色石雕，尤喜两栖爬虫类，以"随色赋形"而著称。

他的代表作有《石破天惊》、《与蛇共舞》、《王者风范》、《天风海涛》等。现为中国艺术研究院中国篆刻艺术院研究员、福建省寿山石文化艺术研究会副会长、福建省工艺美术研究院研究员、海峡寿山石文化研究院研究员、高级工艺美术师，获福建省工艺美术大师、翰墨金石寿山石艺术馆高级研究员等荣誉称号。

作为石雕界屈指可数的印钮大师，潘惊石是个开风气的人。在传统工艺因"世守勿替"的原则而阻碍艺术的创造和发展情况下，作为一位当代的寿山石雕刻家，潘惊石自从艺以来就不断地冲破藩篱，无论是起初的蟒蛇、变色龙、龟类等动物题材，还是其最成功的作品水波纹系列印钮，他一直在试图引领传统的寿山石雕技艺进入更广阔的艺术殿堂。

尤其其精心研究脱胎于古兽雕刻的"拉丝"技术，将其演化为一种令人叹为观止的线条之美，其中龙鳞隐现，气象万千，精微与广大在有限的块面上实现了奇妙的统一。

王祖光·观音·寿山荔枝冻石

尺　寸 7.5厘米×12.5厘米×6厘米

鉴石要点 在工艺雕刻方面，精雕细琢，正面，慈悲观音坐莲台，将观音的形态，面部神情等细节刻画极为细致，惟妙惟肖。局部抛光的手法，更能展现质地细腻，颜色之均匀，将其特色最大化地展露人前。寓意逢凶化吉、平安如意、幸福安康。

福禄寿·寿山红花石

尺　　寸　47厘米×53厘米×16厘米

第四章

鉴宝有道，

解决打眼的烦心事儿

真假可辨寿山石

眼下收藏玩赏寿山石的人越来越多，但市场上的寿山石真真假假、鱼目混珠，很多人花了大价钱买回的却是假货。对于初入此行的人来说，可以通过以下几种方式来鉴别寿山石的真假。

观外形

拿到一件寿山石雕件先要看其形状的整体设计是否合理、棱角的处理是否到位，并可能保留部分皮相。有一些寿山石雕用的是真材实料，但为了显得古旧，会在表面做老化处理，这也是一种技法，具有一定的收藏价值。还有一些是纯粹的造假，专门仿刻古人和现代名家的作品，有的卖家会明确告诉是仿的，还有的就声称是真迹，这些都是藏家必须注意的。在考证这类作品时，一定要结合年代以及名家的雕刻特点进行判断。

察颜色

也就是观察寿山石色彩的分布。包括色相色彩分割取舍是否合理，色彩处理是否恰如其分等。值得注意的是，目前市场上存在很多经过物理和化学处理过的石雕作品。这种通过处理的石雕作品主要是为了掩盖石材本身的劣势，将其包装成名贵石种出售。物理处理法就是取矿物或者植物的天然色彩与原石一起放进锅中进行煮泡让其着色，这种物理处理过的石头颜色质地都显得很自然，很多人用肉眼根本无法判断，有些鉴定机构也

狮钮章·寿山红花石

尺　寸　4厘米×4厘米×16.8厘米
　　　　3.5厘米×3.5厘米×12.5厘米

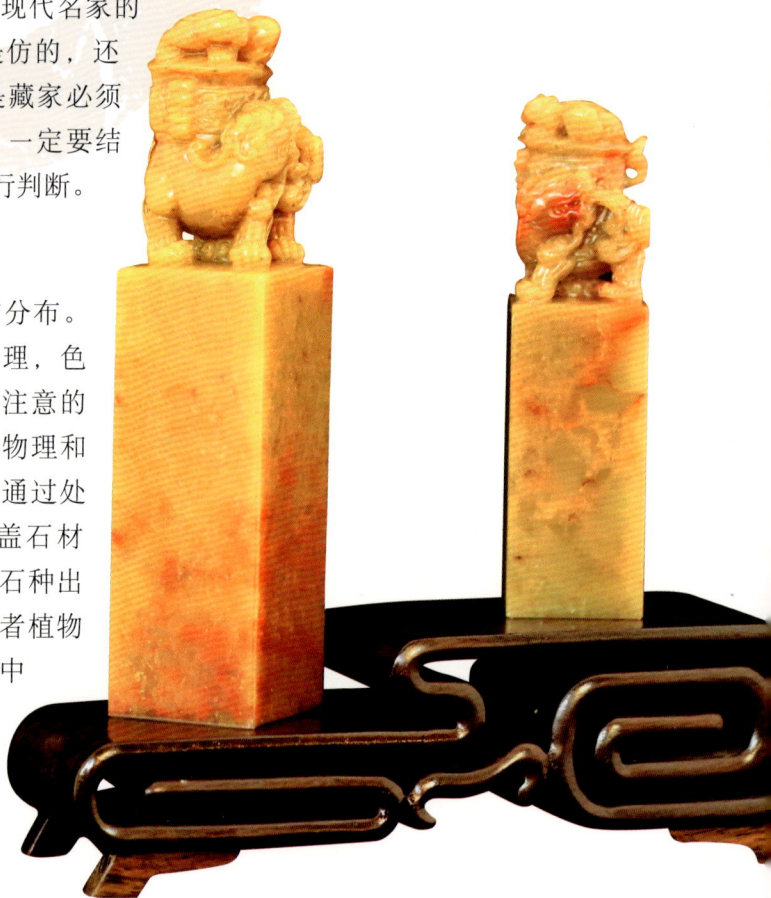

会被蒙蔽。化学处理法就是对原石用硫酸等腐蚀性高的溶液进行浸泡，或者用火烧，化学方法处理过的石头色彩鲜艳，但有发愣的感觉，而且石头的质地发生了变化，容易变得疏松，在自然光下如果仔细观察就能发现。

掂手感

在用眼睛观察石头的外形后，可用手去抚摸寿山石雕，上手体会石头表面的质感，通过石头的温润程度来判断其真假与优劣。上等的寿山石圆润，饱满，一处在握，反复摩挲的快感全在于手掌及手指间，此时寿山石的质地、颜色、形状、纹理、工艺及赋予的人文价值和审美情趣品味全部感知于心。

审肌理

包括纹路、纹理、裂格(裂是有明显或不明显的缝隙，格是石本身固有的分隔线或纹线，20倍放大没有间隙)。寿山石大部分都存在着格，有些石种有漂亮的纹理，如荔枝冻石的萝卜丝，大山石的波涛形纹理，山秀园的斑斓色块等。上等寿山石雕件的纹路处理，尽可能要体现纹理美，做到巧用纹理；裂格的处理，应力求化不足为神奇，目前几乎所有的石雕作品都要进行裂格的处理；瑕疵处理，看是否剔除杂质，尽显魅力。同时，还应注意一点，石雕有格不足怪，尽量不要有裂纹。

析创意

创意是对现实存在事物的理解以及认知，所衍生出的一种新的抽象思维和行为潜能。一件成功的寿山石雕作品在于石头和工艺的完美结合，雕刻工作者在创作一件作品时，相石是最关键的，一个好的创意主题等于是给作品注入了灵魂。寿山石石种繁杂，肌理各异，色彩艳丽丰富，交错变化无穷，每块原石的大小、形状不一，其瑕疵、砂丁也是千姿百态的。寿山石雕的精髓就是依据每一块石头的不同特点因材施艺、依势造型，以主观创意的审美价值与石材的天然审美价值巧妙地融合。好的创意不但能掩盖石材本身的劣势，还能增加作品的韵味。

狮钮章·寿山芙蓉石
尺　寸 2厘米×1.5厘米×7厘米

龙生九子·寿山田黄石（之一）
尺　寸 5厘米×5厘米×4厘米
鉴石要点 黄家宪雕刻。

看雕工

行家一出手，就知有没有。寿山石雕刻是一个技术活，千百年来，寿山石雕名家辈出，而人们推崇名家的主要原因之一就是雕工。经过1000多年的发展，寿山石雕刻技法从南朝时代的简单线条刻画，已经发展为浮雕、薄意、圆雕、透雕、印钮雕、镶嵌雕等多种技法。一件寿山石雕精品往往综合应用各种传统技法。寿山石雕的技法往往是通过运刀的刀法来体现的，或简练，或精致，或浑厚，或娟秀，具有独特的艺术风格。特别是薄意作品，是以刀代笔在石面上作画，画面上刀法的起承转合以及末端的勾锋无不体现着作品的神韵。

稀有程度

寿山石可分为上百种，而其中最为名贵的当属田黄石。但是，寿山石石种的好坏也并非绝对，名贵品种里面也有石性、石质很差的石头，没有多大收藏价值。相反，普通品种中也有一些石质、石性很好的石头同样会有价值，同样值得收藏。在很多低档次的寿山石中也是有极品的，例如，黄芙蓉、高山冻石、汶洋石等石质好的都是可收藏升值的。

辨年代

对于古旧寿山石雕的收藏，年代的判别就非常重要。这方面可以从历史痕迹来判断，如包浆、皮色等。由于寿山石本身质地较软，很容易磕碰破损，用手把玩接触到手油后，也比较容易变旧，所以古旧的寿山石雕的包浆会非常明显。此外，不同时代寿山石的雕刻也具有不同特征。以观音像为例，从清代到现在一直是寿山石雕常见的题材之一。但是，不同年代的造型均有不同。清代观音像，大多面相饱满，额头较宽，脸型方圆丰颐，五官匀称，双眼造型具有写实性。服饰多为汉式大裙，强调衣裙曲折生动的褶纹，腿部衣纹呈放射状，生动优美。

观音钮方章·寿山荔枝冻石
尺　　寸　2.7厘米×2.7厘米×8厘米

巧雕盘龙钮方章·寿山水洞高山石
尺　　寸　2厘米×2厘米×12.5厘米

龙生九子·寿山田黄石（之一）
尺　　寸　5厘米×5厘米×4厘米
鉴石要点　黄家宪雕刻。

狮钮章·寿山结晶芙蓉石

尺　寸　5.5厘米×3厘米×7.5厘米

鉴石要点　印章下部方方正正，上部精琢
　　　　　威武的狮子，昂首向上、雄霸
　　　　　一方。

看工具

　　从工具上也可以判断一件寿山石雕的年代。在上世纪六七十年代以前，石雕艺人只有简单的刀具，加上折断的缝衣针做钻。随着科技发展，工具增多，从20世纪80年代开始，电动钻头开始应用在石雕中。但这种电钻钻出来的圆孔和手工用缝衣针钻出来的东西绝对不一样。只要从这些细节上分辨，就可以发现蛛丝马迹。古旧寿山石雕和书画还有一个明显不同之处：款识。名家书画一般都有款识，但寿山石作品则未必。比如，明朝寿山石作品几乎找不到作者，因为雕刻寿山石在当时被认为是一种雕虫小技，是一种地位很低的手工艺。

寿山石的优化处理

由于天生的一些缺陷和工人在开采、加工寿山石时不慎等因素的影响，导致许多寿山石注注质量欠佳或者存在着大大小小的缺陷，在这种情况下，一些不法商人想要牟取暴利，注注对有缺陷的寿山石进行人工优化处理。寿山石的优化处理方法有烟处理、染色处理、做皮处理、拼合处理等。

寿山石的烟处理

烟处理包括"煨"和"熏"两种优化处理方式。

煨，就是指把寿山石放置在火灰中或者其他加热器中慢慢烤热。煨处理常用于高山石、坑头石的优化处理，其具体过程一般是在雕件或者原石的表面涂上油或不涂油，然后放在燃烧着稻糠壳的炉火上烤约10个小时，用稻糠壳燃烧所产生的

牛气冲天钮章·寿山石

尺　寸　6厘米×9厘米

鉴石要点　利用特有的质地雕了威猛的牛，其原石本色不变，以原始的坚硬粗犷更加衬托了牛的威猛，有镇邪降妖的内在力量。

烟，会把石头的表面熏染成黑色。由于经过了炉火的烧烤，石头中的水分蒸发很快，从炉火中取出石头后，必须进行"回湿"处理。就是将石头放在阴暗潮湿的泥土地上2～3小时，最后进行修光处理，制成"黑田"或"乌鸦皮"。这个过程叫做"煨乌"。

"煨乌"过的黑田石的表皮颜色会变得漆黑、均匀，且分布完整。与天然黑田石相比，后者呈黑色或灰黑色，并有深浅浓淡的变化，且纯黑中常带有赭色色调。另外，天然黑田石的表面光泽柔和，主要呈蜡状光泽，并给人自然油润之感，而"煨乌"的黑田石虽然表面光泽有所增强，但给人以干涩呆板之感。"煨乌"黑田石透明度较差，一般为不透明或微透明，而天然黑田石为微透明至半透明。由于被火烧过，"煨乌"的黑田石的石质会变得干燥，石性更坚硬酥脆，裂纹增多，难以雕刻；而天然黑田石的石质细腻滋润，性绵、裂少，十分奏刀。

熏，就是把寿山石放在燃烧着的稻糠壳或竹蕊线香之上用烟熏。常见的做法是，先支一铁架子，并放上石棉网，将色暗质粗的寿山石雕件置于石棉网上，不断翻动样品，让稻糠壳燃烧所产生的烟雾均匀地熏染石雕表面，并用毛刷轻抹其表面，使烟油分布均匀。

被烟熏过的寿山石的颜色灰暗而单调，主要呈灰黄、浅灰和黑灰色等；而天然寿山石各色俱全，或淡雅或娇艳。另外，和煨过的寿山石一样，熏烟的寿山石一般较粗糙、性脆；而天然寿山石粗糙、细润皆有，性脆或性绵。

寿山石的染色处理

染色处理常用的方法就是煅红，其过程是将橙色、黄色或红色的寿山石料放置在电热箱或稻壳炉中，保持恒温300℃加热12～30小时以后，使寿山石中的二价铁离子（Fe^{2+}）氧化成三价铁离子（Fe^{3+}），这样原来的红色变成了浓赭色，原来的黄色、橙色变成了红赭色。如果需要对寿山石进行局部的煅红处理，可以利用酒精喷灯对它进行局部加

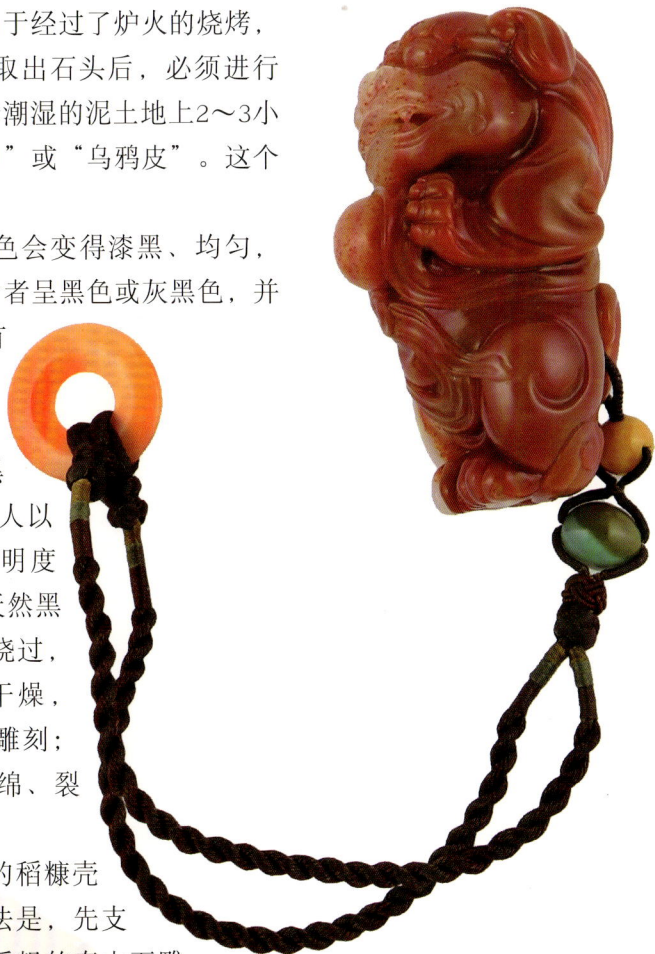

瑞兽手把件·寿山结晶芙蓉石

尺　　寸 3厘米×4厘米×6.5厘米
鉴石要点 郑则斌雕刻。貔貅是传说中的一种凶猛的瑞兽，能吞万物而从不泄，故有纳食四方之财的寓意。此件貔貅凶猛威武，其外形为龙头、马身、麟脚，突眼，长獠牙，背上还雕刻招财童子，工艺精美。在北方，一般人喜欢称这种瑞兽为"貔貅"，而在南方则称为"辟邪"。

热。其他呈白色或者淡色的寿山石，可以先在其表面涂上一层硝酸铁溶液，等干燥以后加热煅烧，同样可以得到"煅红"。和煨乌一样，在煅红过程中，寿山石由于经过了高温，内部的水分蒸发殆尽，退火后，必须进行"回湿"处理，最后再进行"修光"。

在鉴别这类寿山石的时候，可先从颜色入手。煅红寿山石的表皮颜色黑、红，质地多为橙红色，色彩单一；而天然红色寿山石有纯红、朱砂红、玛瑙红与橘皮红等色，可含有其他色斑、色块或色团。煅红寿山石表面光亮如玻璃，但干涩刺眼；而天然红色寿山石表面光亮适中，蜡状光泽，柔和自然。煅红寿山石，其表面常有一黑色石皮，石皮较干涩；天然红色寿山石的石皮较为细润。"煅红"寿山石一般不透明；而天然红色寿山石，不透明至亚透明，多呈微透明至半透明。

狮钮对章·寿山石

尺　寸 3厘米×3厘米×7厘米
鉴石要点 狮子是一种凶猛的瑞兽，既能招财纳财，又能辟邪。

染色处理法还有一种是罩染，其具体过程就是将寿山石成品置于高锰酸钾等腐蚀性比较强的溶液中做染色处理，以仿制比较古旧的寿山石雕件。罩染的寿山石的颜色较深且均匀，不自然，主要呈古铜、枣红、墨绿、暗红和紫檀色；而真的古旧寿山石的颜色深浅均有，各色俱全，颜色分布并不十分均匀，可含色点、色斑、色块或色团，且自然柔和。染色仿古寿山石的裂隙和棱角处颜色深，因染料主要沉淀于裂隙和棱角所致；而真的古旧寿山石却无此现象。

寿山石的"做皮"处理

做皮处理法包括蒸煮法和染涂法两种。

蒸煮法染色做皮的常见做法是将色黄质佳的高山石、都成坑石和连江黄等山坑石，打磨成卵圆形，然后置于杏子水等颜料中蒸煮，取出冷却后，外表再涂一层黄色石皮，主要仿制"田黄"原石。

染色石皮的表面有擦痕，黄色深而不自然，且裂隙及孔洞中黄色颜料沉淀集中，而天然石皮，表面细滑，色泽柔和，黄色并不十分均匀，非常自然。染色石皮用棉球沾丙酮擦拭，棉球上有黄色；而天然石皮用棉球沾擦拭，棉球上无色。染色石皮用小刀刮削，石粉呈黄色；而天然石皮用小刀刮削，石粉呈白色。在强光照射下，染色"田黄"的石质较干燥，无萝卜纹或萝卜纹粗乱；而天然田黄的石质细嫩，隐现细密萝卜纹。

染涂做皮处理是将黄色寿山石如连江黄、黄高山石、黄都成坑石等山坑石，打磨成鹅卵石形，将黄色石粉与环氧树脂混合均匀，涂染于其表面，待干燥后，再进行工艺处理，制成假石皮，冒充"田黄"。

涂染石皮，黄色深，光泽异样，且不自然；而天然石皮，色泽柔和，黄色并不十分均匀，非常自然。涂染石皮表面有擦痕，给人粗糙之感；而天然石皮表面有滑感，给人细润之感。

涂染石皮用小刀刮削，石粉呈黄色；而天然石皮用小刀刮削，石粉呈白色。在强光照射下，涂染"田黄"的石质较干燥，无萝卜纹或萝卜纹粗乱；而天然田黄的石质细嫩，萝卜纹细密。

古兽钮印章·寿山芙蓉石

尺　寸　5.5厘米×5.5厘米×16.5厘米

鉴石要点　古兽有吸财、吐财、聚财、镇财的作用，是最能旺财运的吉祥物。

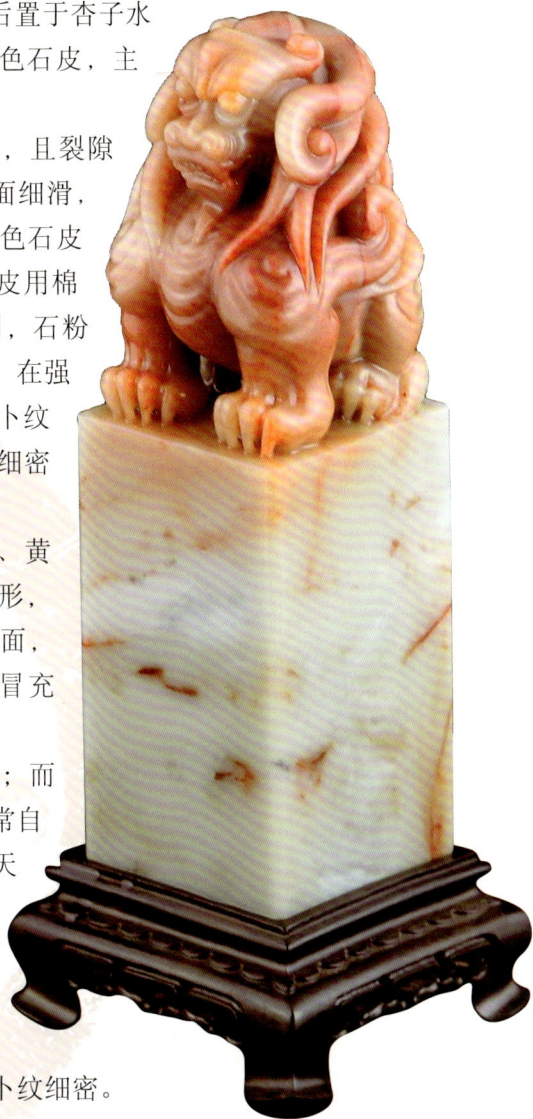

寿山石的拼合处理

寿山石的拼合处理有拼接和镶嵌两种方法。拼接的常用做法是将几块质地相近的寿山石特别是田黄石碎块，通过强力胶等黏合连接成大块毛石，通常为了掩盖拼接痕迹，会在碎石的接合部位进行工艺处理。

镶嵌是指将寿山石特别是田黄中质地比较粗糙或含有大量杂质的部分去除，然后选用质地优良的寿山石或田黄片镶嵌进去，以此来冒充上好的寿山石。

对于拼合处理过的寿山石，在鉴别时需要仔细观察其转折处是否有低洼或凹陷存在，若有，则可能是拼接或镶嵌的寿山石。用烧热的缝衣针触及低洼或凹陷部位，若出现粘胶熔融或冒白烟，说明是拼接或镶嵌的寿山石。

鉴别拼合处理过的寿山石还可以用强光手电观察其内部纹理，在强光照射下，如果寿山石一部分肌里的红格纹（断裂）发育，连绵不断；另一部分肌里没有红格纹，或两种红格纹特征相差很大，则说明可能是拼接或镶嵌的寿山石。同样在强光的照射下，如果寿山石肌里的萝卜纹粗细一致，分布均匀，这说明是真的寿山石；与之相反，如果萝卜纹粗细悬殊、分布不均匀，并且有断裂的现象，则要提防其可能是拼接或镶嵌过的。

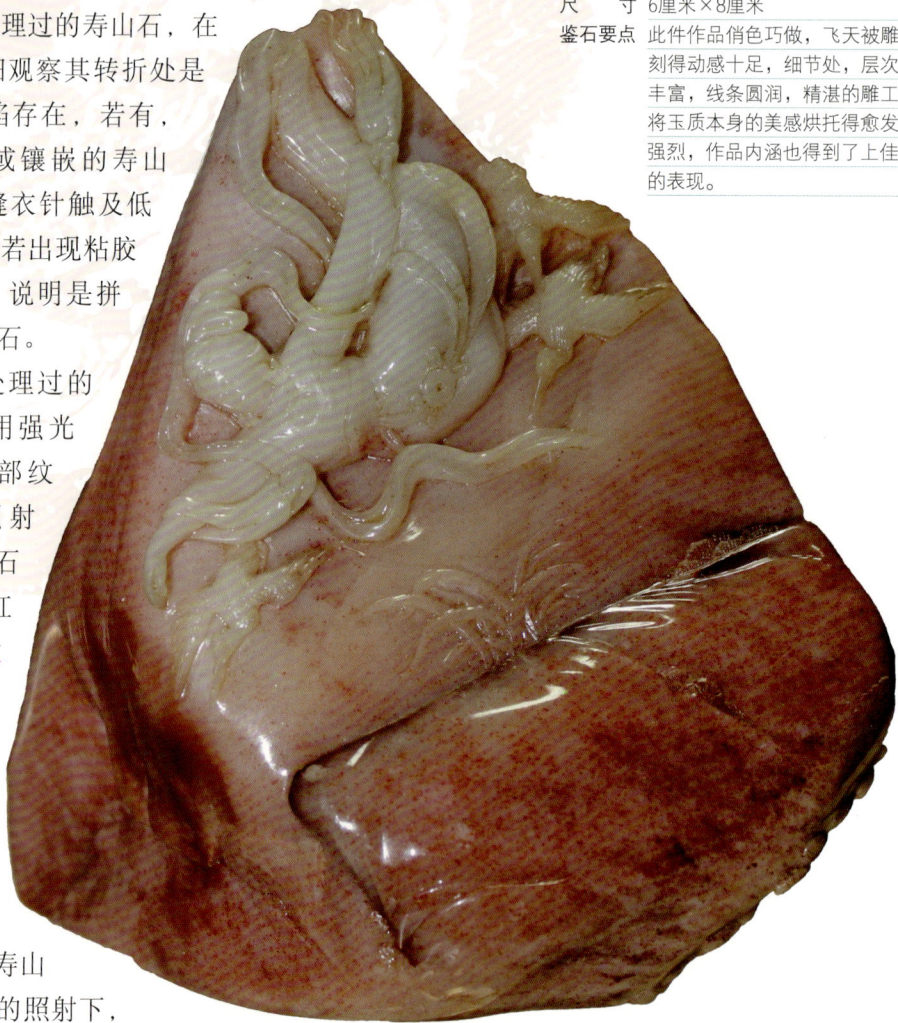

飞天摆件·寿山石

尺　寸　6厘米×8厘米

鉴石要点　此件作品俏色巧做，飞天被雕刻得动感十足，细节处，层次丰富，线条圆润，精湛的雕工将玉质本身的美感烘托得愈发强烈，作品内涵也得到了上佳的表现。

乐在其中·寿山石

尺　　寸 28厘米×26厘米

鉴石要点 玉佛眼如半月,嘴角
上扬,笑容满面,耳
垂厚实坠至宽肩,鼻
翼宽厚广实,鼻头圆
润,身边有童子相伴
更具有祈求吉祥如意
的寓意。

三个和尚小品石·寿山石

尺　　寸　4厘米×6厘米

鉴石要点　正面雕刻出不同形态的三个和尚，器型
　　　　　完整，做工精美，惟妙惟肖。

达摩渡江·寿山高山石（正背）

尺　　寸　10厘米×6厘米

鉴石要点　这真是对达摩祖师的道业最佳
　　　　　写照。雕刻大师用浅浮雕前雕
　　　　　达摩渡江图案，后雕刻"一苇
　　　　　渡长江，九年面绝壁，身轻若
　　　　　羽毛，心静恒虚寂。"

牧牛钮章·寿山石
尺　寸　5厘米×5厘米×7厘米

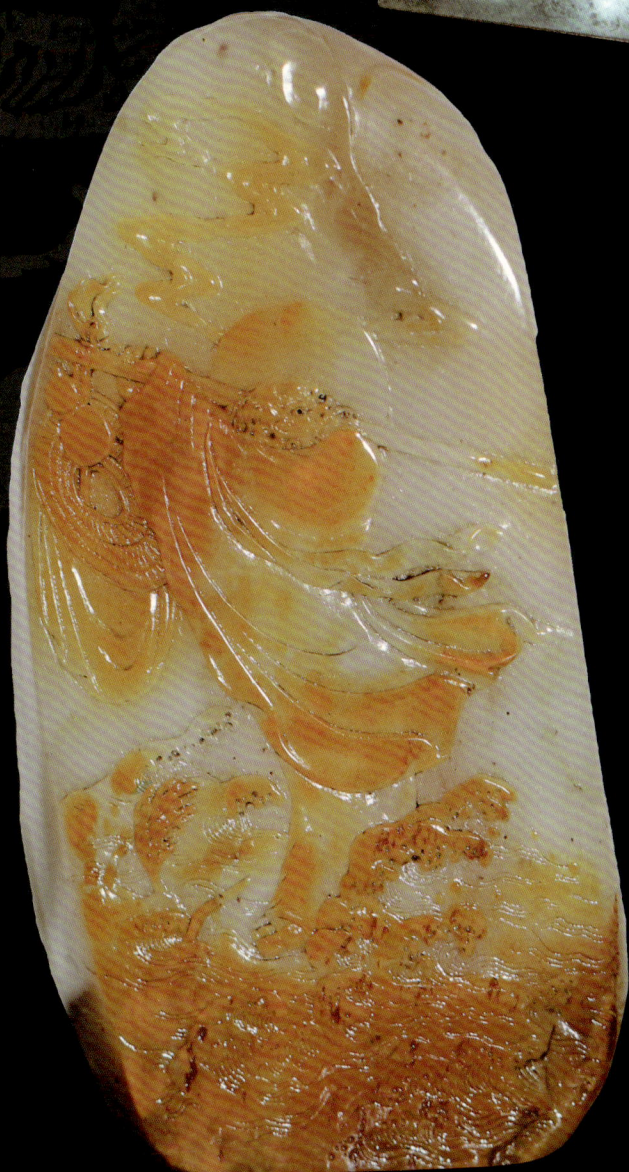

秋风图·寿山田黄石
尺　寸　5厘米×5厘米×12厘米
鉴石要点　重33.4克。

寿山石的保养技巧

因为寿山石是以叶蜡石、地开石和高岭石等为主要矿物成分的石种，多有油性，质地滋润，富有光泽，硬度较低。一些石种在开采时，因炸药爆炸和开采震动，结构遭受破坏，多裂纹、裂格，经过雕刻成品之后，如果不善加保养，日久天长就会丢失水分，油性也随着水分的丢失而降低，造成枯燥易损，尤其是高山石和质地较松的其他山坑石种，这种现象更易显现，还可能机理发生白蔗渣点或燥裂痕，甚至石色变暗，失去光泽。如何保护好手中的寿山石藏品，这需要具有与之相关的专业知识和技能技巧。

忌高温

寿山石最忌干燥高温，应避免阳光暴晒和高温环境，新采矿石不可长期置放山野或室外，要及时存放于地窖或阴湿之处，时常淋冷水以保润泽。

防热燥

开料时谨防热燥迸裂，以水锯、湿磨为上，制成原坯后，分开品种、档次和块度，放置木盘中，放阴湿处保存；若高档石料，最好浸入盛满植物油的瓷盘里；如块度较大，亦可将石坯沾油后用透明纸裹住，放置阴湿处。

硕果累累钮章·寿山荔枝冻石

尺　寸　4厘米×4厘米×10厘米

鉴石要点　此摆件精雕细琢而成，整体浑然天成，栩栩如生，质地温润，具有厚重感和很高的审美价值。林碧英雕刻。

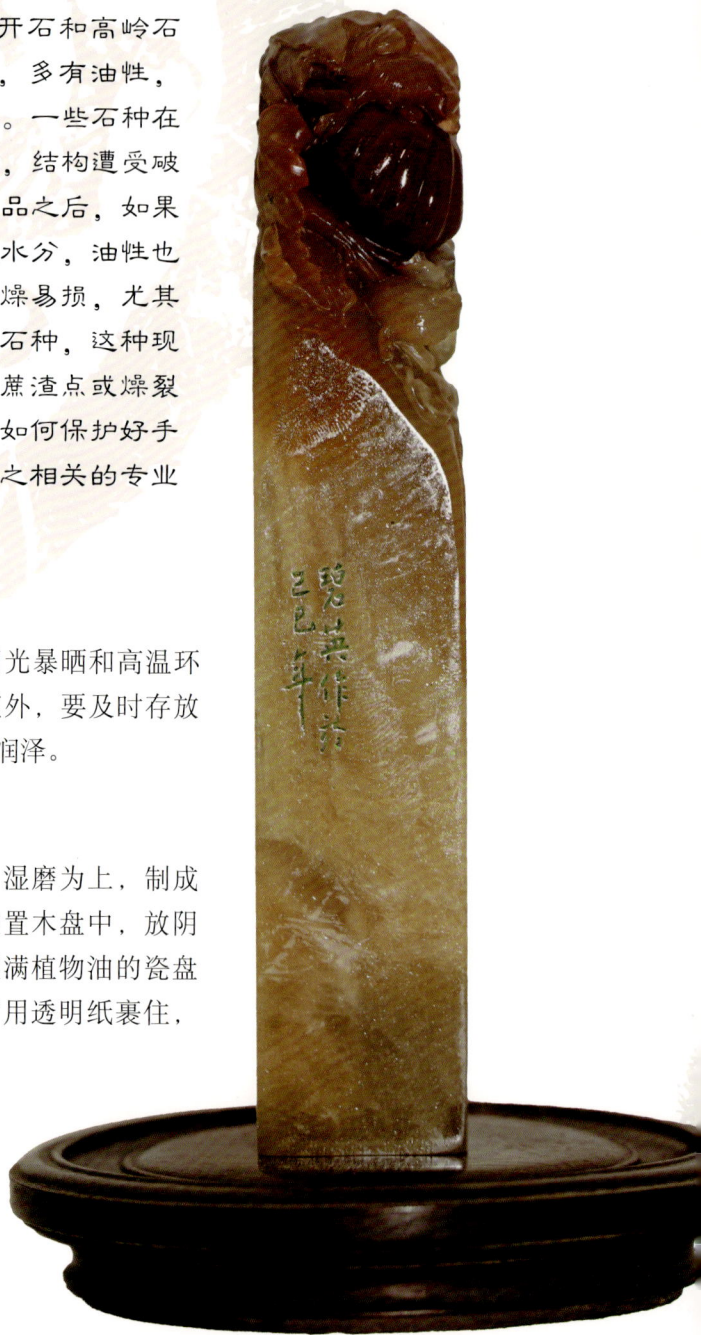

把玩有讲究

经过雕刻加工成品的寿山石雕适宜室内陈列，如石表被灰尘、污物污染，只要用细软绸布轻轻擦抹即可恢复光彩，切忌用金属或其他硬物修刮，以免破坏明亮光滑的表层。除了创造环境使寿山石雕品保湿、增湿外，对寿山石小摆件及印章，要经常摩挲把玩，怡情养性，对大摆件也要时常用手抚摸石面。寿山石摩挲把玩，抚摸石面的目的是使手油附在石面上。这层手油甚薄，可使石面吸收油质而变得更温润腻滑和浑然有致。但并非所有寿山石皆可以时常摩挲把玩，比如一些薄意的作品因刻层薄，且富有画意，刻划细致，影影绰绰，尤其是刻在珍贵冻石与田黄上的，用手摩挲，日久可能影响刻工。

微雕印章·寿山石

尺　寸　4厘米×3厘米×6厘米

鉴石要点　此件质地缜密，红白莹润。作品在设计上简约写意，有包浆温润的光泽与质感，微雕刻写，十分珍贵。

油养有讲究

古代有用植物油来养石的方法，就是用油涂抹在石上，使之滋润。时至今日，人们还是用这个方法来养石。但不是每个石种都适宜，比如芙蓉石洁白细嫩，久沾油渍则变灰暗，失去光彩。还有一些石种也不需要油养。

田坑石石性稳定，温润可爱，无须过多抹油，只要时常摩挲把玩。

水坑石冰心洁质，精细磨光后，把玩在手晶莹通灵，也不必油养。

山坑石中的高山石，质细而通灵，石色丰富，鲜艳多彩，但质地较松，表面容易变得枯燥，甚至出现裂纹，色泽也变得黝暗无光，如果经常为其上油保养，则流光溢彩，容光焕发。

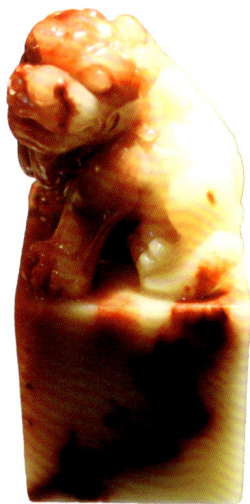

瑞兽印章·寿山石

尺　寸　4厘米×4厘米×6.5厘米

高山石抹油后宜陈列于玻璃柜中，以免灰尘沾染，如柜中有聚光灯，应在其中放置小杯的水，以保持湿度，防止高温干裂石头。

白色的太极石上油久了会变成肉色质地，显得更加成熟，行家谓之没"火气"。

都成坑石与旗降石因坚实质稳定，不必油养，多以上蜡保护。

寿山石中普通的石料，如柳坪石、老岭石、焓红石、峨嵋石等，石质不透明，产品磨光后进行加热打蜡处理，不用上油，如沾灰尘，不宜水洗，用软布擦抹越擦越亮。

在对寿山石进行油养之前，最好使用绒布或软刷轻轻去除石雕表面的灰尘，但不可用硬物刮除，否则易伤及石材表面，接着再用干净毛笔或脱脂棉沾白茶油，均匀涂在石雕的各部位。

油养时采用白茶油是最理想的，花生油、沙拉油，芝麻油皆会使石色泛黄，所以不宜采用。近年来，一些人也用婴儿油对寿山石进行保养。需要注意的是，动物性油脂与化学合成油脂也不适用于寿山石的油养，这些油不但不能产生养石的功效，长期使用还可能严重破坏石质。

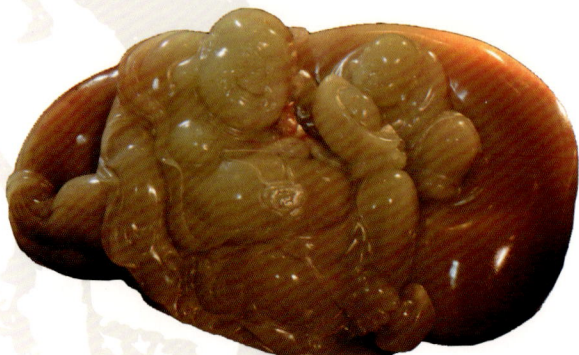

招财进宝弥勒摆件·寿山善伯冻石
尺　寸　13.5厘米×7.5厘米×7厘米
鉴石要点　精选天然善伯冻精心巧雕而成，整体外观光滑细腻，色泽自然，精雕笑口常开的笑面佛，圆顶光头，长耳笑眼，面容丰腴，开怀大笑，憨态可掬，一副超凡脱俗的模样。"佛"谐音是"福"，寓意"代代有福"。

古兽钮章·寿山水洞桃花石
尺　寸　2.2厘米×2.2厘米×10厘米

瑞兽钮章·寿山石
尺　寸　2.5厘米×2.5厘米×8厘米

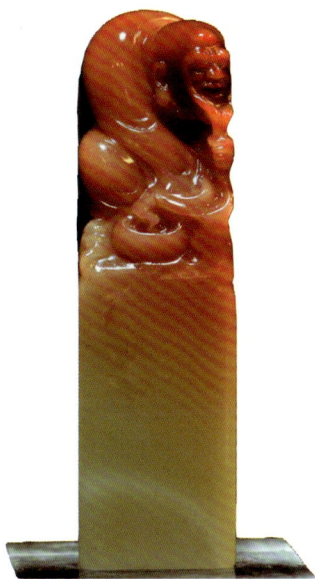

寿星钮方章·寿山桃花芙蓉石
尺　寸　4厘米×4厘米×7厘米

老翁方章·寿山三仔癫石
尺　寸　2.2厘米×2.2厘米×10厘米

瑞兽方章·寿山芙蓉石
尺　寸　2.5厘米×2.5厘米×7.5厘米

龙钮印章·寿山善伯石（正侧背）
尺　寸　3厘米×3厘米×7厘米
鉴石要点　工艺精湛，动感强烈。质微透明，温润，色淡雅，油性光泽浓郁，通体闪烁着淡雅光泽。

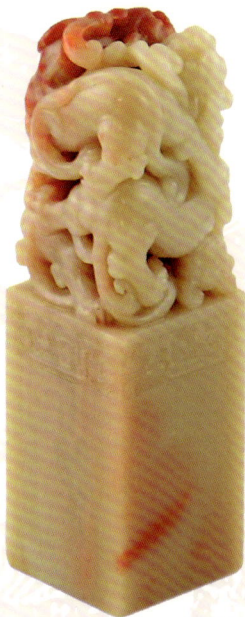

不靠专家玩收藏

太狮少狮钮方章·寿山田黄冻石

尺　　寸 5厘米×5厘米×8厘米

鉴石要点 福建省级工艺美术师郑安雕刻。
质地细腻、通透而色暗如油的田
黄冻。雕刻狮兽栩栩如生，整个
印章浑然天成。

随着大量热钱、民间资本流入寿山石市场，寿山石收藏市场可用"火爆"甚至"疯狂"来形容，寿山石价格也十几倍甚至几十倍地疯涨，面对这种热潮，投资者一定要慎重，购买高价寿山石一定要谨防风险，以免接盘后脱不了手。到一些流动性很强的展览会、地摊买高价寿山石要谨慎，在这些地方很少能买到好货。像上海一位藏友在一个展览会上花200多万元买了5件配有鉴定证书的田黄石，送到福州经专家鉴定，发现全都不是真正的田黄，实际价值只有几万元。

虽然收藏市场普遍遵循的是"无论真假、买卖自愿"的交易规则，但现在有的商家为了避免麻烦，也愿意跟买家签订买卖合同，因此收藏爱好者关键要选好卖家，并可根据情况跟卖家签订书面合同，详细约定寿山石作品的情况、价格、退换货条件等。

随着寿山石市场日趋火爆，出现了很多造假新手段，有的造假手段很先进，一般人难以识别。目前市场上主要存在以下三大乱象。

寿山石大师满天飞

真正由国家权威部门评选出来的寿山石大师只有十几位，但现在寿山石大师却是满天飞。一些所谓的博览会、组委会、民间机构等非权威部门评选的"大师"充斥着寿山石市场。

名家作品改工现象严重

受利益驱使，一些寿山石名家不注重艺术创作，而是在市场收购一些跟自己题材相似的寿山石作品，将这些作品稍加修改，就署上自己的名字推向市场，改工带来的最大结果就是短期内有大量作品上市，有的名家一年可雕出几十件作品，很不符合常理。这些寿山石作品经过大师改工后，立马身价倍增。

代工寿山石流入市场

跟紫砂壶市场上存在"代工壶"一样，随着寿山石的走热，一些非名家本人创作的寿山石作品却被冠上名家作品的"代工石"开始流入市场，诱导了许多收藏爱好者。这种石头因不是作者本人真正的作品，升值空间有限。

招财童子方章·寿山高山石

尺　寸　3厘米×3厘米×12厘米

鉴石要点　福建省工艺美术大师林碧英作。吉祥造型、传统题材一般采用借喻、谐音、比喻等方法来刻画一个吉祥的内容，此方章雕刻孩童、福字、元宝等，寓意人财两旺、福寿双全。

瑞兽钮章·寿山善伯冻石

尺　寸　8厘米×8厘米×10厘米

王昭君·寿山蜡烛红石

尺　　寸　7厘米×3厘米×14厘米

鉴石要点　传说"昭君出塞"时，王昭君行于大漠途中，悲怀于自身命运和远离家乡，因而在马上百无聊赖，弹《出塞曲》。而天边飞过的大雁，听到曲调的幽怨和感伤，肝肠寸断，纷纷掉落在地。"沉鱼落雁"中的"落雁"由此得名。

瑞兽方章·寿山石

尺　　寸　3厘米×3厘米×6.5厘米

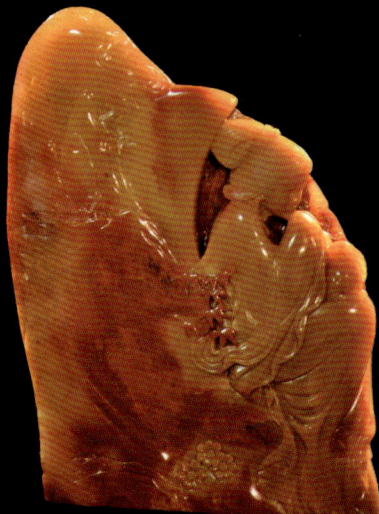

仙女摆件·寿山杜陵石
尺　　寸　10.5厘米×3厘米×14.5厘米

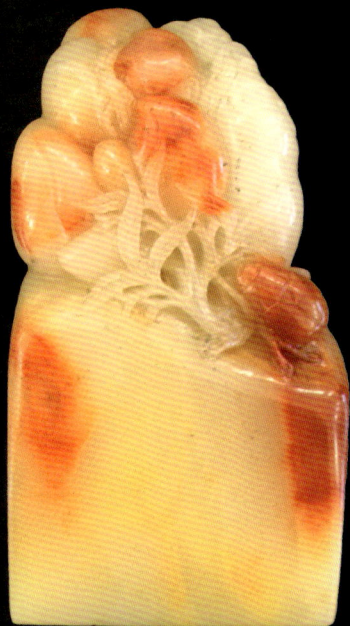

佛手印章·寿山芙蓉冻石
尺　　寸　4.5厘米×2.8厘米×8.2厘米

花篮摆件·寿山水洞高山石
尺　　寸　8.5厘米×7厘米×14厘米
鉴石要点　作品创意巧妙，俏色高超，线条柔和
　　　　　飘逸，雕工细致，形制典雅，金蟾圆
　　　　　润活泼，晶莹剔透，纹理层层叠叠，
　　　　　色泽深透自然。

雪山灵芝·寿山红白荔枝冻石
尺　　寸　10厘米×10厘米
鉴石要点　灵芝仙草在中国传统装饰中亦常作"如意"的象
　　　　　征。此摆件大小造型一致，圆雕如意，如意柄中
　　　　　部浮雕灵芝，整器修长，古朴雅致。

把脉才知真行情

寿山石是因富含很高的文化价值备受关注的，是注入人文素材的宝石，在市场经济发达的年代，艺术的价值同样可以通过价格的形式表现出来。

收藏市场的逐步升温

从上世纪八九十年代开始，寿山石真正进入收藏市场。1980年11月在广州举办的福州市工艺美术展销会上展出一块121.5克的田黄原石，以13999元人民币为美国加利福尼亚大学的一位教授所承购。

1985年在香港举办的中国书画印石展览会，一颗重350克的田黄石，售价达68万元港币，为香港巨商霍英东先生购得。而寿山石价格真正开始一路攀升，是从1995年开始的。从2005年下半年寿山石成为奥运会特许礼品后，价格更上涨一倍，2006年10月，中央电视台热播《中国寿山石》再次带动寿山石价格又增长了2倍。

在2006年香港的一场秋季艺术品拍卖会上，"明17世纪田黄石雕瑞狮镇纸"（重量超过200克）以4167.92万元被一买家获得，创下了当时寿山石界的拍卖纪录。

紧接着，西泠印社拍卖公司2007年1月13日推出的一场印章专拍汇集了近800方印章拍品，创下了98.5%的成交率，1335.675万元的成交额。而同年在北京举办的春季拍卖会上，顺德藏家的一块田黄石拍出了6500多万元的高价，平均每克田黄石价格达到了数万元。福建省福州市举办的2007年秋季寿山石雕大型拍卖会上，共有千件寿山石雕成交，成交率也达到84%。

进入2008年，虽然受外界各种因素的影响，艺术品收藏市场出现调整，但寿山石的收藏并未受太大影响。2008年4月举行的四川首届寿山石艺术精品展同样吸引了大量的收藏爱好者前去一睹名家名石的风采。

弥勒摆件·寿山荔枝冻石

尺　寸　6厘米×8厘米×厘米

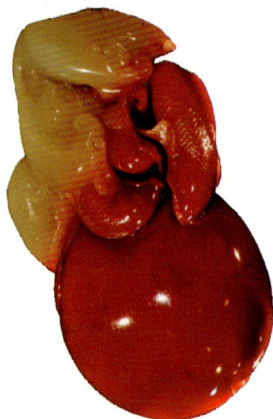

太阳挂件·寿山芙蓉石

尺　寸　8.5厘米×2.5厘米×6厘米
鉴石要点　精致灵动的红日，展现喜庆吉祥的生动景象，以此衬托人们生活多姿多彩的愉快意境。寓意喜事临门，幸运吉祥。

拍卖市场的逐渐成熟

最近几年，伴随国内艺术品市场的快速发展与投资需求的不断扩大，艺术品市场中丰富的门类也提供给投资者多样化的选择，其中，作为新兴门类的寿山石，引来了越来越的参与者加入，其市场份额也得到了极大的巩固与扩展。

据福建省民间艺术馆发布的《寿山石市场分析报告》统计，在寿山石拍卖市场具有影响力的机构已经从福建本土辐射至全国，包括中国嘉德、北京保利、西泠印社、福建东南在内的四家拍卖公司均在这一领域的开拓中做出了重要贡献，上述四家公司寿山石专场的拍卖总成交金额2009年为4869万元，2011年达到4.1亿元人民币。

在短短三年中，寿山石拍卖的市场份额增长了近9倍，令人侧目。这其中一个重要的原因，就是寿山石的投资价值逐步凸显，成为推动市场发展的动力。

在寿山石拍卖市场中，会有一些经典藏品在拍场多次露面，并不断受到追捧。以2008年至2013年有多次成交记录的6件拍品为例，分别为林亨云作焰红石《寒天双霸》方章、吴昌硕篆刻田黄石印章、田黄石《煮茶会友》薄意扁章、翁燕作荔枝洞石《一纸镇江山》文玩镇纸、田黄石素方章、吴昌硕刻来修斋田黄章。

名家作品受到追棒，也显示出寿山石市场越来越成熟，进而带动更多的投资者、收藏家进入。

另外据雅昌艺术网监测中心出品的《2012年度艺术市场报告——东西方之间的对话》相关数据显示，国内艺术品市场其他如书画等门类的年平均复合收益率一般在20%上下，而少数寿山石的年平均复合收益率达到42.39%。

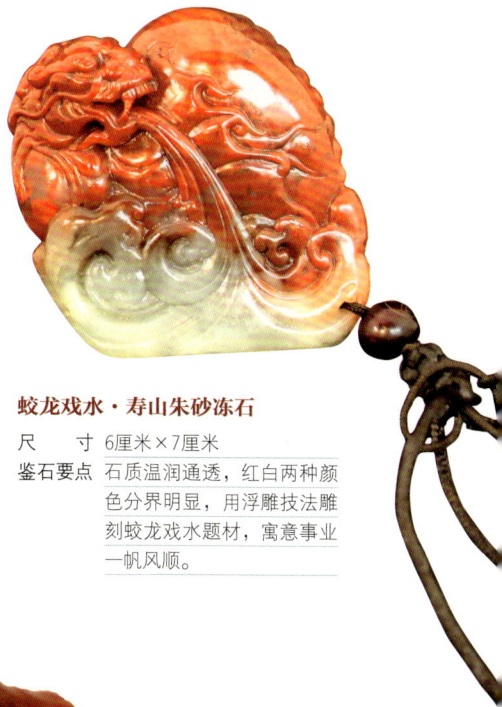

蛟龙戏水·寿山朱砂冻石

尺　寸　6厘米×7厘米
鉴石要点　石质温润通透，红白两种颜色分界明显，用浮雕技法雕刻蛟龙戏水题材，寓意事业一帆风顺。

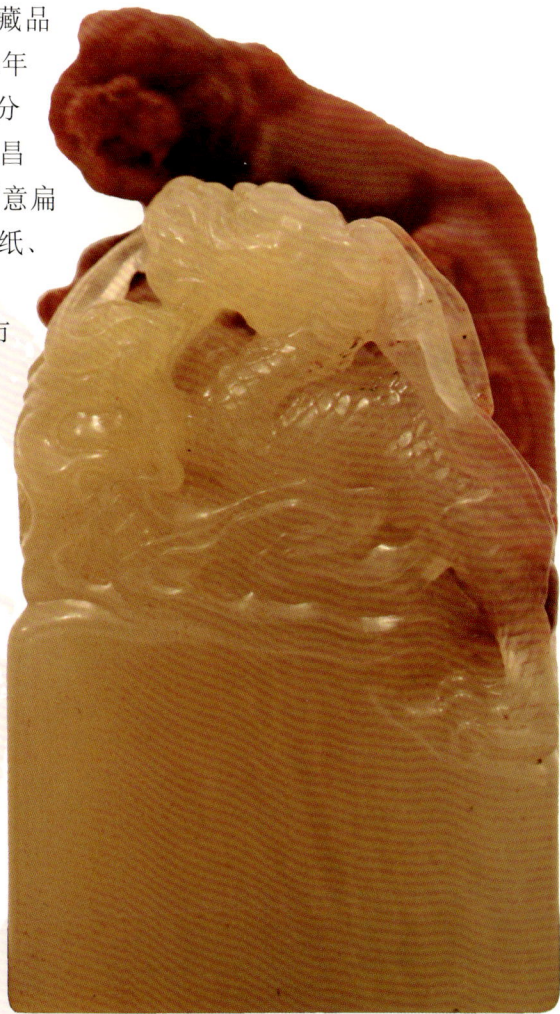

生龙活虎·寿山高山冻石

尺　寸　4.4厘米×4.7厘米×9厘米
鉴石要点　利用同一块石材上两种不同的颜色雕刻龙、虎造型，形态威猛、生动，富有活力，给人一种生机勃勃的气势。作品布局巧妙，极见作者高超的雕琢功力，赏玩俱佳。郭祥忍雕刻。

市场行情的火爆

　　寿山石市场行情火爆，除了寿山石自身的魅力之外，与市场自然发展的格局现状和主流拍卖机构对市场的推广不无关系。

　　在各个艺术品门类中，寿山石的炒作成分较低，这为收藏和投资提供了非常稳健的市场环境。了解这个行业的人都知道，寿山石经过多年的贸易流通，资源分布非常分散，这种分散性导致寿山石藏品失去了形成资源垄断的可能，因此没有哪一个机构或团体能够掌握足够影响市场整体格局的资源。寿山石市场一方面面临原材料逐渐枯竭的现状，另一方面精品在藏家手中长期沉淀，很难再从市场中出现，可流通的资源愈发匮乏，受这两个因素的制约，寿山石市场始终处于供给短缺的格局当中。寿山石市场行情虽逐年高涨，根本原因仍在于供需关系的影响，人为操控因素的影响较小，符合市场自然运行的基本规律。

　　此外，寿山石拍卖市场的保真率较高，这对于致力于投入艺术市场的新增资本来说是个莫大的吸引力。寿山石拍卖市场保真的传统从诞生之初就开始延续，至今已经长达十年之久。从2003年福建省民间艺术馆率先举办寿山石拍卖开始，就首次公开提出对寿山石材质进行保真的承诺。

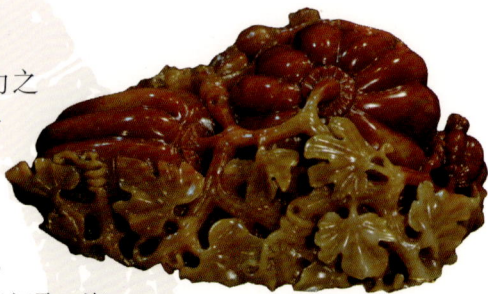

南瓜把件·寿山旗降石

尺　寸　10厘米×3厘米×7.5厘米
鉴石要点　整体雕工细腻且寓意丰收，南瓜及枝叶的雕刻，将圆雕和镂雕技法运用得炉火纯青。

随形日字章·寿山三色芙蓉冻石

尺　寸　3.8厘米×2.1厘米×6.3厘米
鉴石要点　芙蓉石的三色展现，使得印章石更显立体感。

春江待渡·寿山芙蓉石

尺　寸　19厘米×30厘米×5厘米
鉴石要点　一轮明月映照天际，斑斑驳驳的树影下流水潺潺，桥上晚归的高士正等待船家渡河，整个作品动静结合、题材丰富，不由得让观者浮想联翩。

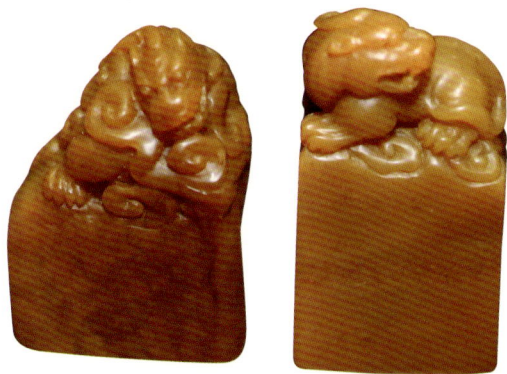

龙生九子·寿山田黄石(其二)

尺　　寸　5厘米×5厘米×4厘米

鉴石要点　黄家宪雕刻。

加官进爵钮章·寿山金玉冻

尺　　寸　5厘米×5厘米×24厘米

大肚弥勒佛·寿山结晶体芙蓉石

尺　　寸　5厘米×3厘米×4.5厘米

鉴石要点　佛面笑容可掬,双耳垂肩,大肚能容,雕刻细致,形象饱满,灵气凝聚。彰显佛意随性、佛光普照,给人一种宁静之感。

海底世界·寿山白杜陵石

尺　寸　23厘米×22厘米

鉴石要点　林亨云雕刻。造型极为别致，有着别出心裁的创新与创意，鱼形生动形象，细节刻画极为逼真。古代人们由于收成不好，因此时常向上苍祈祷希望能够年年有余，生活安康而幸福。在这里"鱼"谐音"余"，具有浓郁的中国民间特色。

三阳开泰·寿山高山石

尺　　寸　5厘米×5厘米×8厘米
鉴石要点　郭祥忍雕刻。中国古代"羊"与
"阳"同音，羊即为阳。"三阳"
依照字面来析，比较直观地解释为
三个太阳，即早阳、正阳、晚阳。
朝阳启明，其台光荧；正阳中天，
其台宣朗；夕阳辉照，其台腾射，
均含勃勃生机之意。

雄狮钮章·寿山石

尺　　寸　4厘米×4厘米×7厘米

桃园三结义·寿山高山朱砂石

尺　寸　20厘米×20厘米

第五章

买卖有道，

实战中的真学问

寿山石投资轻松变现

近年来，寿山石艺术品市场发展迅速。寿山石投资保值增值的功能吸引了不少投资者和收藏者，艺术品的投资功能逐渐凸显，藏品的流动性也变得更为重要。目前，购买寿山石的渠道有很多，如各类珠宝城、古玩市场、宝玉石展览会、展销会、拍卖会等，但对于手中持有寿山石雕件的藏家来说，想将寿山石迅速变现却并不很容易，需要投资者了解寿山石的变现渠道。

拍卖流程

目前，各类拍卖公司构成了我国艺术品二级市场的主体。参与艺术品拍卖的多为成名艺术家的作品，成交价格也相对较高，能够使收藏者实现最大收益，因而多数藏家愿意将珍藏的艺术品交给拍卖公司进行运作。

一般来说，知名艺术家的作品在拍卖市场中比较受欢迎，流通性好，换手率和回报率都比较高，因而，也成为众多投资者和收藏家出售艺术品，尤其是艺术精品的主要渠道。据不完全统计，2013年国内艺术品拍卖总成交额接近550亿元，占整个艺术品市场交易额的一半以上。

指日高升·寿山杜陵石

尺　　寸　13厘米×18厘米

鉴石要点　此摆件采用立体圆雕而成，体小而趣足。苍松翠柏间掩映亭台楼榭，治琢于大处下手，小处收拾，情合理顺，沁人心脾。料佳工精，玲珑可珍。

卖家要想将自己的藏品通过拍卖公司拍卖，需要一个流程。以国内最大的拍卖公司之一——嘉德国际拍卖有限公司为例，其大致步骤如下：

步骤一：登录拍卖公司网站或致电询问该公司拍卖业务范围及了解相关拍卖规则。

步骤二：送拍主要有两种途径，一种是信件送拍。把藏品照片和相关资料通过快递/挂号信件/电子邮件的方式邮寄至拍卖公司，并在信件内留下卖家的地址、邮编和联系电话。另外一种是电子邮件送拍，将照片通过电子邮件发送到拍卖公司相应的邮箱里。也有的是直接携带拍藏品实物到拍卖公司办理送拍业务，但需要预约具体送拍时间。

步骤三：公司业务专家审看藏品实物。

步骤四：双方签署委托拍卖合同，拍卖标的由拍卖公司收存。

步骤五：拍卖标的编入拍卖标的图录。

步骤六：拍卖标的在拍卖预展时公开展示。

步骤七：拍卖。

若拍卖标的成交，拍卖公司按拍卖规则的规定支付出售收益。

若拍卖标的未能成交，委托人应按照拍卖规则取回拍卖标的，并按委托拍卖合同约定向拍卖公司支付未拍出手续费及其他各项费用。

一般来说，凡是在拍卖行成功拍出的拍品，投资者除了交付一定比例的手续费，还需支付17%的增值税。

拍卖购买流程

对于希望从拍卖会上购买寿山石艺术品的买家来说，也需要通过一系列的流程。

步骤一：浏览网上预展，阅读拍品图录及拍卖规则，选择感兴趣的拍卖标的。

步骤二：亲临拍卖会预展现场，近距离鉴赏拍卖标的实物。需要注意的是，拍卖公司不保证拍卖标的的真伪及品质，对拍卖标的不承担瑕疵担保责任。竞买人应在拍卖日前，以鉴定或者其他方式亲自审看拟竞买拍卖标的之原物，自行判断该拍卖标的的真伪及/或品质。

步骤三：选择竞买方式：现场竞买或委托竞投。选择现场竞买时：（1）提供有关证件、签署竞买协议，办理竞

牛气十足钮章·寿山石
尺　　寸　3厘米×3厘米×7厘米
鉴石要点　器型饱满，色泽美艳，流彩溢目，美不胜收。

买登记手续；（2）办理现场竞买登记手续时须提供以下文件，且本公司有权以本公司认为合理的方式对以下文件内容进行核查；个人：本人有效身份证或护照或中华人民共和国认可的其他有效身份证件；委托他人代为办理时，应提供委托人有效身份证件、委托人出具的授权委托书、代理人有效身份证件。单位：法定代表人前来办理时，应提供有效身份证件及单位营业执照副本（含有效年检章）复印件并加盖公章；非法定代表人办理时，应提供法定代表人出具的授权书（法定代表人签字并加盖公章）、法定代表人有效身份证件复印件及代理人有效身份证件。（3）交纳保证金，领取竞买号牌。

步骤四：亲临拍卖会现场，了解拍卖会前各场次发布的重要声明。

步骤五：竞买拍卖标的。若竞买成功，现场确认并签署"成交确认书/拍卖笔录"。

步骤六：持"成交确认书/拍卖笔录"至结算中心支付购买价款（包括买方佣金）。

步骤七：结算后，持"买受人账单（提货联）"到提货处领取拍卖标的。

抵押贷款

目前，国内有银行曾经尝试过艺术品抵押贷款业务。2010年，深圳市同源南岭文化创意园有限公司以苏绣大师任慧闲先生的一批艺术珍品作为担保，成功获得建行深圳分行的3000万元贷款。当时，建行深圳分行以艺术品抵押作为银行贷款的融资模式，在全国属于首创。另外，民生银行、招商银行、农业银行等对艺术品抵押贷款业务也有所尝试，但规模都不大。

办理艺术品抵押，一般都需要两至三个月，操作过程非常严格，包括价值评估、贷前调查、银行审批、监管公司入库、放款等多个环节。同时，贷款者也必须支出一定的成本，如评估机构的评估费、银行贷款利息及监管公司费用等。另外，银行对于办理该项业务的客户存款也有一定的要求，以证明其还款能力。据介绍，一般客户必须有1000万元以上的存款才能办理艺术品抵押贷款业务，且抵押率最多50%，贷款年化利率达12%左右。办理贷款后，抵押的艺术品要放在银行保险柜封存，或是放在指定的第三方托管机

弥勒佛钮章·寿山石

尺　寸　3.5厘米×3.5厘米×7厘米

鉴石要点　摆件造型古朴典雅，弥勒佛面部端庄，造型逼真，生动传神，线条流畅，雕工技艺精湛，浑圆饱满，精巧脱俗，气度不凡，雕工大师挥刀代笔，以技显艺，以形写神，是件不可多得的佳品。

构，所产生的评估和寄存的费用都要客户承担。

融资典当

将寿山石等艺术品寄售于典当行是近年来兴起的一种融资渠道，典当融资除了交给典当行一定比例的息费率外不再支付其他费用，对于短期融资而言，艺术品典当的成本比较低。但由于艺术品的鉴定和评估都有相当的技术性，在全国近4000家典当行里，开展艺术品典当融资业务的不到5%。

考虑到艺术品市场起起落落，典当行对当金采取打折的办法，当金一般按照艺术品市场价格的5至6折发放。

目前专业人才缺乏成为制约该项业务的主要瓶颈。由于艺术品种类繁多，一般典当行不可能配备专业的艺术品典当师，因此往往需要借助其他专业的艺术品评估机构。这样一来，就无法确保放贷的时间，有时贷款者甚至需要等上1个月才能获得放贷。

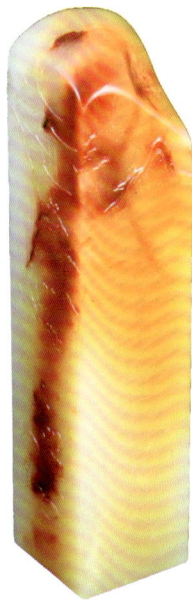

薄意雕山水楼阁章·寿山石

尺　　寸　3厘米×3厘米×7厘米
鉴石要点　用整块石料雕成，在保留原始玉料整体外形的前提下，用薄意雕刻技法，雕琢山水楼阁图案，精美细腻。

雄霸天下·寿山旗降石

尺　　寸　20厘米×20厘米
鉴石要点　作品表现的是在寒天中觅食的白熊，身材壮硕，外形憨实，脚下以浮雕法雕刻的鳜鱼正欢快地逆流而上，姿态表现得尤为生动。

深山隐士薄意雕·寿山田黄石

尺　寸 4厘米×5厘米

鉴石要点 远景高山翠柏，雾霭缭绕；近景小桥流水，松青叶茂，生机无限，情景交融，引人入胜。

喜上眉梢·寿山朱砂冻石（正背）

尺　寸 13厘米×15厘米

鉴石要点 此摆件用一块大型整料雕琢，花枝生动形象，整体抛光亮泽，并配有精雕细刻木座。造型典雅，线条流畅，质地细腻，色泽剔透。

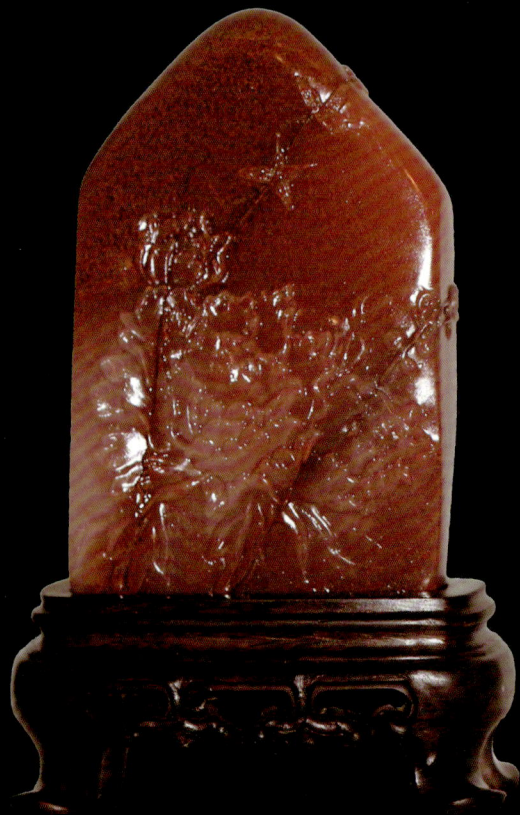

龙钮章·寿山石

尺　　寸　3厘米×3厘米×7厘米

鉴石要点　雕刻龙吐水印钮，水为财，龙乃祥瑞，寓意顺风顺水，财源广进。

瑞兽印章·寿山石

雄鹰钮章·寿山石

尺　　寸　2.8厘米×2.8厘米×6厘米

鉴石要点　雕工精美，栩栩如生；线条简洁流畅自然，刀工纯熟有力，给人十足的灵韵之感，叫人爱不释手。

实用篇，处处帮大忙

在中国，寿山石已经成了一种文化符号，在投资、收藏和鉴赏的过程中，收藏者体味到返璞归真、悠然愉悦情怀，而实际上，寿山石本身所带来的人生启发和领悟更是不可言喻的，这也正是越来越多的收藏者陶醉其中的缘故。收藏寿山石要把握四个要点。

石料

就石料本身而言，一定先看寿山石的"六德"，即温、细、润、结、凝、腻，符合"德"中三味者即为佳石。

雕工

看雕工，好的寿山石雕工是因石色、石形、石纹而成，自然流畅，不牵强附会，浮雕、薄意、圆雕、透雕、印钮镶嵌生动传神，作品越看越有味道。当然，由于寿山石的价格暴涨，目前从事寿山石雕刻的人以数千上万计算，但其中能称为高水平的雕刻师为数寥寥，最多百余人，其余基本是为淘金而半途学雕刻的农民，其技艺水平和文化修养不敢恭维，作品就更谈不上高水准。所以，收藏者应该多多关注诸如郭功森、郭懋介、林飞等名家以及一些中青年高手的作品。

品种

寿山石的种类繁多，就收藏的品种而言，最令寿山石藏家赏心悦目的自然是上等的田黄石，但田黄越来越少，且价格越炒越高，令收藏成本大增。所以收藏者更应该关注其他石种，诸如芙蓉、桃花冻、荔枝冻、牛角冻、高山冻、水晶冻等品种，在初期收藏时注意挑选的石头要石质好、无裂无格。

蔬果钮章·寿山高山石

尺　寸　3厘米×3厘米×7厘米
鉴石要点　作品构思精妙，石质油润，俏色巧雕十分精美。

购买力

就购买力而言，一般的收藏爱好者资金有限，所以建议收藏者从普品入手，芙蓉起步，由浅入深，从长计议。慢慢再涉及杜陵、善伯、旗降、高山、坑头、月尾、环冻、牛角冻、荔枝冻等精品，同时采取以石养石的办法，从小及大，如滚雪球一样做收藏。这样才可做得长久。刚开始不要直接买高档寿山石雕件，因为目前高档寿山石市场上鱼目混珠的情况时有发生，尤其以假货居多，其作假的手段也不外乎寿山石粉溶制塑型、寿山石组合粘贴、以其他石种假冒寿山石出售、将低档寿山石染色处理当高档货卖几种方式，所以建议初级收藏爱好者从较为便宜的寿山石着手，即便偶尔上当也能及时总结经验教训。如果收藏爱好者在北京、上海、广州这样的大城市，不妨可以追根溯源到当地石料批发商那去了解一手资料和行情，当然去福建原产地也不失为一种好办法，但最好有熟人引路。

狮兽钮章·寿山马背杜陵石
尺　　寸　4.3厘米×4.3厘米×14厘米
鉴石要点　"狮"和"事"同音异声，狮子为百兽之王，故寓意事事如意。雕工栩栩如生，石质润泽。

松下雅集·寿山芙蓉石
尺　　寸　20厘米×20厘米×10厘米
鉴石要点　两株郁郁葱葱的松柏下，几位高士正在品茗对弈，旁边的童子忙着引火烧水，几只仙鹤悠在上空盘绕，作品寓意人寿年丰、老有所乐。

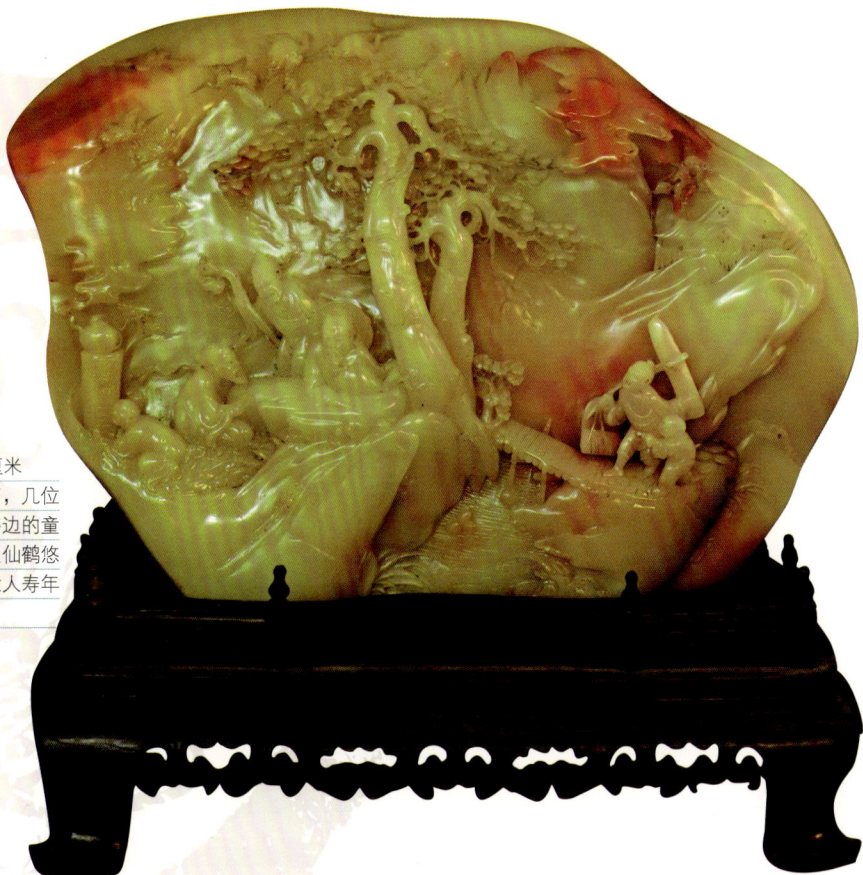

仙乐·寿山石

尺　寸　5厘米×7厘米

鉴石要点　人物圆脸丰润，神情欢喜，憨厚可
爱，其稚拙童韵，佳妙非常。氛围
祥和，具太平如意、欢天喜地之吉
祥寓意。

瑞兽印章·寿山将军洞五彩芙蓉石

尺　寸　4.4厘米×4.4厘米×11厘米

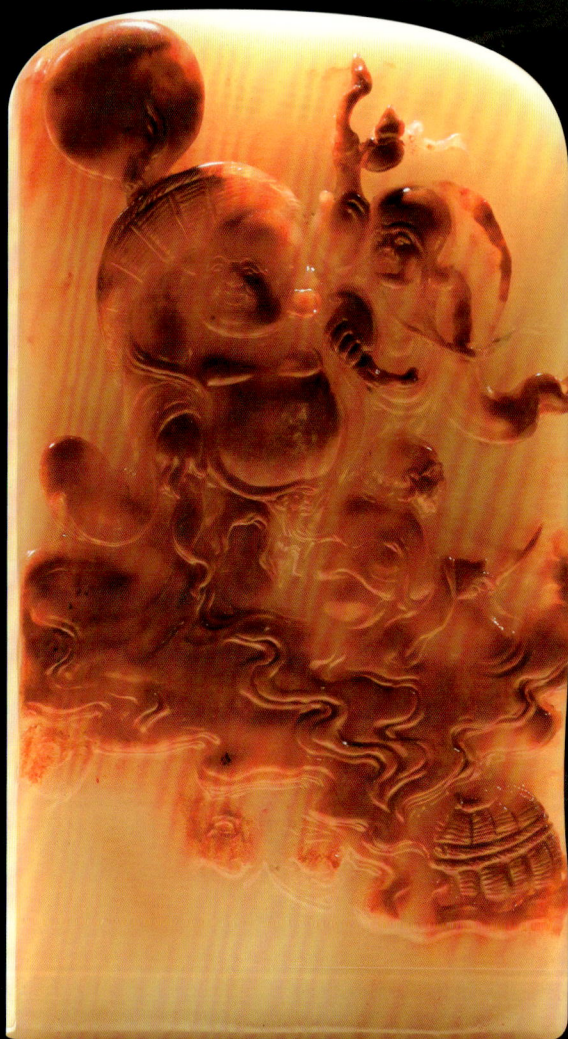

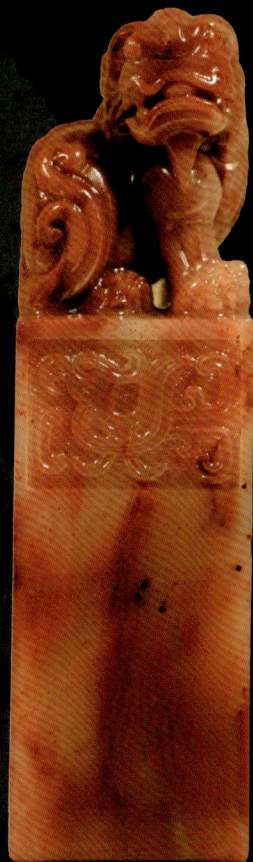

瑞兽吉祥章·寿山石

尺　寸　4厘米×4厘米×8厘米

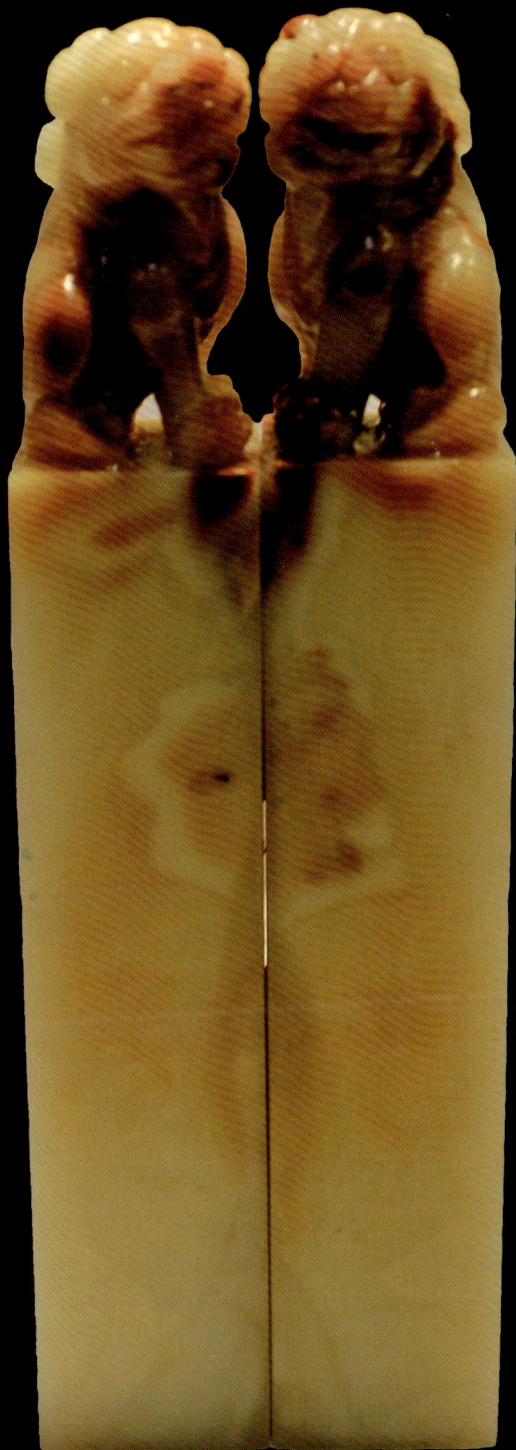

瑞兽钮章·寿山石

尺　寸　5厘米×5厘米×7厘米

狮钮对章·寿山石

尺　寸　2.8厘米×2.8厘米×7厘米

鉴石要点　精心巧雕而成，质地坚密，精雕一对狮
　　　　　子，丰满肥硕，光滑圆润，非常讨人
　　　　　喜欢。

行家这样投资寿山石

天然彩石这样鉴这样藏

主要参考文献

胡福巨，姚宾谟：《昌化石志》，中华书局，1998年

夏法起：《鉴识青田石》，福建美术出版社，2002年

方宗珪：《中国寿山石》，福建美术出版社，2002年

陈石：《鉴石寿山石》，福建美术出版社，2003年

张培莉等：《系统宝石学》，地质出版社，2006年

崔文元，吴国忠：《珠宝玉石学GAC教程》，地质出版社，2006年

沈泓，王克平：《印石鉴赏与收藏》，安徽科学技术出版社，2006年

方泽：《四大名印石》，百花文艺出版社，2007年

方宗珪：《寿山石文玩钮饰》，荣宝斋出版社，2007年

王林，韩雯：《中国寿山石》，中国青年出版社，2007年

印农：《印石收藏与鉴赏：印石的市场价值分析》，中国时代经济出版社，2009年

潘天寿：《治印丛谈》，浙江人民出版社，2013年